中国高端装备制造业服务化研究

基于价值共创视角

蔡渊渊 王金石 綦良群 王成东 ◎ 著

中国财经出版传媒集团

经济科学出版社
Economic Science Press

图书在版编目（CIP）数据

中国高端装备制造业服务化研究：基于价值共创视
角/蔡渊渊等著 . －－北京：经济科学出版社，2023.6
ISBN 978 － 7 － 5218 － 4852 － 6

Ⅰ.①中… Ⅱ.①蔡… Ⅲ.①装备制造业－服务经济
－研究－中国 Ⅳ.①F426.4

中国国家版本馆 CIP 数据核字（2023）第 110269 号

责任编辑：崔新艳 梁含依
责任校对：李 建
责任印制：范 艳

中国高端装备制造业服务化研究：基于价值共创视角
蔡渊渊 王金石 綦良群 王成东 著
经济科学出版社出版、发行 新华书店经销
社址：北京市海淀区阜成路甲 28 号 邮编：100142
经管中心电话：010 － 88191335 发行部电话：010 － 88191522
网址：www. esp. com. cn
电子邮箱：expcxy@ 126. com
天猫网店：经济科学出版社旗舰店
网址：http：//jjkxcbs. tmall. com
北京季蜂印刷有限公司印装
710 × 1000 16 开 11 印张 190000 字
2023 年 10 月第 1 版 2023 年 10 月第 1 次印刷
ISBN 978 － 7 － 5218 － 4852 － 6 定价：55. 00 元
（图书出现印装问题，本社负责调换。电话：010 － 88191545）
（版权所有 侵权必究 打击盗版 举报热线：010 － 88191661
QQ：2242791300 营销中心电话：010 － 88191537
电子邮箱：dbts@ esp. com. cn）

前　　言

　　高端装备制造业作为国民经济支柱的核心产业，对于带动其他产业发展和推动我国经济发展具有重大意义。我国的高端装备制造业发展虽然取得了不俗的成就，但与国外工业强国相比，仍然存在一定差距，原因在于我国高端装备制造业起步晚，行业积累不足，服务化转型缓慢。通过服务化提升我国高端装备制造业的全球行业地位，提高我国高端装备制造业的国际市场竞争力，已经成为国家、行业和学者共同关注的问题，为此本书提出通过价值共创为我国高端装备制造业服务化实现提供新的可能。

　　本书在相关概念界定的基础上，从要素、结构、目标和功能方面对价值共创视角下中国高端装备制造业服务化系统进行分析，然后利用扎根理论，以服务化系统要素为参考选取研究对象，以服务化系统结构、目标和功能为依据进行研究对象访谈数目和访谈内容设计，揭示价值共创视角下中国高端装备制造业服务化机理，对机理进一步分析得出影响服务化系统演变的序参量——服务化能力和参与服务化能力。在保证有效研究的前提下将序参量等级设置为二，形成四种不同系统状态。通过分析舍去其中无法进行有效价值共创的一种，依据另外三种服务化系统状态特征，有针对性地设计了三种价值共创视角下中国高端装备制造业服务化模式。从服务化模式的内涵及特征、价值主张提出、价值流通与价值共创实现、服务化模式的运行策略和运行要点等角度详细介绍基于企业主导的产品链条式服务化模式、基于用户企业主导的市场标准化服务化模式和基于全方位联合的数字模块化服务化模式。将序参量作为服务化模式选择的依据，构建序参量的指标评价体系，利用灰色关联度分析和G1赋权法对指标权重进行设计，通过直接获取和问卷调查等方式获得指标数值，利用聚类分析得出序参量不同等级的分割点数值，并提出如何有效选择服务化模式。

本书为国家社会科学基金年度项目（22BJL117、18BJY102）的阶段性研究成果。此外，本书的付梓及阶段性研究成果的刊发得到国家自然科学基金项目（72074062、72004044）、教育部人文社会科学研究规划基金项目（22YJA630084）、黑龙江省自然科学基金项目（LH2021G011）、黑龙江省哲学社会科学研究规划项目（22GLB106、22JLC293）、黑龙江博士后科研启动资助金项目（LBH－Q19024、LBH－Z20090）的资助，在此一并表示衷心感谢。

蔡渊渊

2022 年 11 月 30 日

目　录

第一章　引　言

第一节　研　究　背　景

价值创造历来是学术领域和企业战略关注的核心。早期物产不足，在以生产为导向的传统时代，价值是由企业通过完成产品生产而创造的，消费者只是价值的使用者。随着社会的发展进步，市场导向发生转变，由原来的以生产为导向到以需求为导向再到现在的以服务为导向，企业家为了满足复杂多变的个性化需求，推出 DIY 式服务，企业提供场地和原材料，由消费者完成产品生产。消费者由于参与了产品生产过程，为其赋予价值而成为价值的创造者。这便是当下社会所倡导和流行的不同于以往的价值创造方式——价值共创（Value Co – Creation，VCC）。价值共创是由西方管理学大师提出的一种新的价值创造方法，它以个体为中心，由消费者与企业共同创造价值，作为最符合当下社会价值创造的方式，越来越受管理界和学术界的重视。

高端装备制造业富含高精尖技术，作为衡量一国综合实力的重要标志，高端装备制造业同其他产业之间存在高度关联，因此高端装备制造业的发展可以有效带动其他产业的发展，引领传统制造业实现技术变革，推动国家层面的整体技术进步。作为国民经济支柱的核心产业之一，高端装备制造业的发展对推动我国经济高质量发展具有重大意义。自大力发展高端装备制造业以来，虽然取得不俗的成就，但同工业强国相比，在核心技术、国际市场竞争力和服务产出等方面仍然存在一定的差距，原因在于我国的高端装备制造业起步晚、行业积累不足。近年来国际形势紧张，给我国贸易发展带来了新的挑战，只有把核心技术掌握在自己手里，才不会受制于人，因此寻求新的发展模式迫在眉睫。在经济结构高级化发展的过程中，服务业往往是经济增长最快的行业，因此高端装备制造业可以通过服务化实现企业转型升级。

2015年出台的《中国制造2025》重点强调要进一步加快制造业与服务业的协同发展，继续推动制造业向服务化的转型升级。随着社会的发展进步，人们的消费需求也更加个性化，市场需求呈现复杂多变的特征，因此在市场需求和政府政策利好的双重驱动下，制造业服务化转型已经成为必然趋势。制造业服务化是第三次科技革命的产物，是提高我国高端装备制造业国际市场竞争力、实现我国经济高质量发展的重要途径。高端装备制造业作为国民经济发展的核心支柱，必将迎来蓬勃发展！

第二节　研究目的和研究意义

一、研究目的

装备制造业是为国民经济和国防建设提供技术装备的制造业，是国民经济发展特别是工业发展的基础。我国高端装备制造业不仅在国民经济体系中具有重要地位，还具有极强的带动效应。除对国民经济产生直接带动外，高端装备制造业还可通过其显著的溢出效应和较高的要素边际产出间接带动整个工业体系的发展。可见，高端装备制造业的发展状况关系到整个国民经济的运行质量。

在全球价值链（Global Value Chain，GVC）下，中国高端装备制造业虽获得长足发展，但仍然存在大而不强、自主创新产品推广应用困难和产业资源不足等问题。中国高端装备制造业在GVC中仍处于低端位置，继续维持定位于低端位置的发展战略，不仅会受到来自价值链高端买家的进一步俘获、控制和盘剥，也会受到其他发展中国家以更低成本加入国际竞争的冲击，因此中国高端装备制造业价值链攀升和产业转型升级势在必行。当前全球经济呈现由工业型经济向服务型经济转型的态势，《中国制造2025》提出的发展现代制造服务业等八大对策和党的十八届三中全会所提出的以市场需求为导向，以科技创新为动力，从产品的前期调研、设计、制造到宣传推广、销售服务等全方位打造高附加值品牌形象的高端装备制造业发展思路，为经济新常态下中国高端装备制造业的发展指明了新的方向，即走服务化转型发展的道路。在资源约束背景下，以"服务化"应对中国高端装备制造业的发展困局，促进其价值共创和产业发展，进而带动区域经济发展和国家竞争力提升已成为学术界和产业界的共识。

为改变目前我国高端装备制造业企业仍面临利润低下、发展动力不足等困局，为更好适应国际市场新变化，提高中国高端装备制造业的国际市场竞争力，本书提出通过服务化实现高端装备制造业转型升级，因此在借鉴已有学术成果的基础上，运用科学系统思维，以价值共创为研究视角，从高端装备制造业服务化机理出发，根据序参量状态组合出服务化系统状态，并进一步根据系统状态的具体特征设计价值共创视角下的中国高端装备制造业服务化模式，同时提出服务化模式选择的方法。本书为高端装备制造业提供系统的服务化模式以及科学的服务化模式选择方法，通过科学有效的服务化转型获取新的国际市场竞争力。

二、研究意义

（一）理论意义

（1）虽然学术界对制造业服务化领域研究颇多并且深入，但是从价值链或产业融合视角的研究居多，鲜有研究基于价值共创视角来揭示制造业服务化机理，尤其是价值共创视角下的高端装备制造业服务化机理研究很少。服务化价值是由利益相关者构成的价值共创网络传递并实现的，因此以价值共创视角分析高端装备制造业服务化机理，深入解析服务化系统各参与主体在价值共创网络中扮演的角色以及如何实现服务化价值的传递，能更为准确地反映中国高端装备制造业服务化实践。本书的研究成果不仅能丰富相关理论，对现有文献形成补充，为中国高端装备制造业服务化模式的实施提供理论参考。

（2）进一步丰富中国高端装备制造业服务化模式研究体系。本书以价值共创为研究视角，挖掘该视角下的服务化机理，确定影响服务化系统演变的序参量，提炼出三种服务化模式，丰富了我国高端装备制造业行业的服务化模式内容与形式，为我国高端装备制造业企业服务化转型升级模式的选择提供更多可能。

（二）实践意义

（1）为中国高端装备制造业企业服务化模式选择提供参考意见。本书第八章给出了服务化模式的选择条件与标准，不同高端装备制造业企业可以依据标准进行自我评价，从而在充分考量自身条件之后能够更有方向地选择适宜自己的服务化模式，为我国高端装备制造业企业在服务化模式的选择上提供一定的借鉴。

（2）培育高端装备制造业企业核心竞争力并为完善相关政策提供参考。本书的研究内容可以为我国高端装备制造业企业服务化相关战略的制定提供理论基础，促使中国高端装备制造业核心竞争优势的形成，同时与政策内容相辅相成，以政策为核心促进我国高端装备制造业服务化转型升级，并在中国高端装备制造业服务化转型过程中不断发现问题，助力政策的进一步完善。

第三节　国内外相关研究现状

一、价值共创研究现状

产品主导逻辑下的价值创造模式以企业为主，强调企业独特的价值创造能力，而价值共创则强调消费者的参与作用。消费者通过与企业服务交换和资源共享参与生产过程，与企业共同创造价值。价值共创思想最早出现在20世纪，贝克尔（Becker，1965）提出消费者可以将自己的需求向企业说明，同时贡献自身资源和能力与企业共同创造价值。拉米雷斯（Ramirez，1999）明确提出服务价值的创造由企业与顾客共同决定，而价值共创这一名词的出现及概念的解释则由瓦尔戈和卢斯奇（Vargo and Lusch，2004）于2004年首次确立，此后便引起学术界的研究热潮。整体来看，与价值共创相关的研究已有一定的成果，学界主要关注价值共创内涵、共创过程、共创动因及实现路径四个方面。

（一）价值共创内涵的相关研究

价值共创理论萌芽于共同生产，并伴随着消费者体验逻辑和服务主导逻辑两种视角而得以发展。两种视角的主要区别在于对价值共创内涵的界定。基于消费者体验逻辑下的价值共创发生于消费者体验阶段，价值内涵体现为体验价值；而基于服务主导逻辑下的价值共创则发生于消费者使用产品与服务的阶段，其内涵界定为使用价值。

（二）价值共创过程的相关研究

关于价值共创过程的相关研究，周文辉等（2019）对创业者与消费者围绕从业平台进行价值共创的模型展开研究，得出价值共创存在四个阶段。有学者从消费者角度提出了由共同生产、参与和个性化组成的价值共创三维模型（Minkiewicz et al.，2014）。葛万达等（2020）将企业与消费者合作互动、共同创造绿色价值的过程定义为"绿色价值共创"。刘晓彦等（2020）指出价值共创过程由连接、互动、重组三个杠杆组成。杨伟和王康（2020）将价值共创互动过程划分为互动心理、互动行为以及互动关系三个层面，并在此基础上研究了不同层面构成要素之间相互作用的关系。姜尚荣等（2020）指出价值共创领域的研究重点已经随着其他产业的重心转移而发生变化，由原来的服务主导逻辑和顾客参与理论向生态系统和商业模式创新转变。李树文等（2022）认为企业从价值交易转向价值共创需依次经历连接迭代与赋新迭代两个过程，最终表现出一种在数字战略认知中的持续迭代与数字跃升逻辑。

（三）价值共创动因及影响因素的相关研究

沃特谢克等（Woratschek et al.，2020）指出企业活动对顾客满意度和忠诚度的影响有限，因此管理者应确定促进所有相关行动者共同创造价值的战略。拉米雷斯等（Ramirez et al.，2018）指出价值共创能够在不同制度环境中整合知识、信息和相关技能，促进多主体参与，是企业获取持续竞争优势的源泉。费尔姆等（Ferm et al.，2021）指出顾客参与影响信任、价值共创和参与态度，参与态度会影响信任和价值共创，进一步发现社交媒体使用强度也会影响价值共创行为。有学者指出价值共创提升了顾客关系资本、交易成本和忠诚度（Wen Xiao et al.，2020）。马永开等（2020）指出工业互联网的发展还处于初级阶段，缺乏成功的价值共创模式。左文明等（2020）指出在价值共创过程中，价值共创意愿是考虑公民是否参与价值共创的首要因素。杨一翁等（2020）指出服务型企业通过与顾客进行价值共创可以提升品牌价值。符加林等（2022）发现价值共创行为在顾客契合对企业创新绩效的影响过程中起部分中介作用，创新氛围在顾客契合和价值共创行为之间起正向调节作用。

（四）价值共创实现路径的相关研究

罗伊等（Roy et al.，2020）指出顾客公平感会增强顾客对企业的信任和认同，从而鼓励顾客参与价值创造行为。金等（Kim et al.，2020）指出其他顾客的热情对焦点顾客的经济价值、社会价值、情感价值和认知价值（即顾客对顾客价值的共同创造）有积极影响。辛等（Shin et al.，2020）指出个性化设计和在线评论会对顾客共同创造知识价值的意愿产生影响。雷等（Lei et al.，2020）则探讨了移动即时通信对顾客感知的共同创造体验。闵行等（Mingione et al.，2020）将价值共创过程定义为对六个具体驱动因素的管理，有针对性地开展价值共创活动。巴布等（Babu et al.，2020）指出战略联盟构成了服务生态系统，促进了社会创新的产生、参与和演化，推动价值的共同创造。克里奇等（Crick et al.，2020）指出通过高度的竞争对手导向，价值共创活动可以帮助单个公司提高销售业绩并支持集群的可持续性。解学梅和王宏伟（2020）以多个案例为研究对象，采用扎根理论方法，从价值共创模式与机制两个方面探究开放式创新生态系统价值共创之路实现的内在机理。胡海波等（2020）通过对众创空间进行研究，归纳出三种众创空间类型，并针对不同类型提出相应的价值共创实现路径。

二、装备制造业服务化研究现状

国内外学者对制造业服务化的研究始于范德梅尔韦和拉达（Vandermerwe and Rada，1988）提出的"制造业服务化"（Servitization of Manufacturing）这一概念。制造业服务化被定义为创新企业的能力和程序，以支持从提供产品到提供产品服务系统的转变。制造业服务化是通过增加服务来创造竞争优势和增加实物产品价值的过程，是价值链从以制造为中心向以服务为中心的转变。装备制造业服务化相关研究大致归为以下三个方面。

（一）装备制造业服务化影响因素的相关研究

基于不同的研究对象及研究视角，学者们围绕装备制造业服务化影响因素进行了大量研究。从企业能力视角，杨水利（2016）等认为制造企业的技术创新能力、技术服务能力、资源整合能力、领导者能力、产业链竞争力是影响企业服务化的重要因素。从企业组织视角，丹和斯佩德（Dan and Spaid，2018）以计算机、通信、音频和视频设备制造业为例进行实证研究，其研究表明装备制造业的服务化主要是由用于研究开发的投资和松散的组织资源所驱动。此外，吴永亮和刁莉（2018）等学者基于全球化的角度提出服务业相对生产率、经济自由度、生产性服务进口贸易等对制造业服务化产出具有明显的推动作用，而制造业附加值率、制造业投入服务化强度等因素对制造业服务化有一定的抑制作用。肖挺（2019）的研究指出组织环境（人口密度、资源依赖、机构关联性等）、组织结构和组织战略对制造业服务化有重要影响。袁凯华等（2020）指出国内价值链受制于初级产品增幅导向，实际上并未推动中国制造业的服务化转型，并且认为只有加快市场整合才可以真正推动中国制造业的服务化转型。戴克清等（2020）指出制造业企业通过降低成本、实施品牌战略、提升企业成长性价值创造能力实现共享式服务创新，从而进一步实现服务化转型和可持续发展。李树祯等（2020）通过研究 FDI 与国内制造业企业服务化转型之间的关系，发现 FDI 对国内制造业服务化转型具有显著的促进作用，并且指出受地区市场化强度和劳动力成本影响，越高的地区 FDI 对服务化转型表现出越明显的促进效果。张旭梅等（2021）基于动态匹配视角，指出制造价值链与服务价值链以连接、嵌入、整合的方式构建产品服务价值链，从而实现装备制造企业的服务化。杜传忠和管海峰（2022）对国内大循环背景下中国生产性服务业效率提升对制造业附加值的影响进行研究，发现生产性服务业效率提升有效提高了制造业服务化。

（二）装备制造业服务化模式的相关研究

通过对现有服务化模式相关研究的梳理，国内外学者多基于案例视角对制造业及装备制造业服务化模式进行归纳。杜维等（2018）通过对多个案例的分析研究，发现制造业企业存在学习探索型、特色服务型和全面服务型三种模式。唐国锋等（2020）对工业互联网背景下制造业服务化模式进行研究，开发出能力交易导向型、应用集成导向型、知识交易导向型和知识创新引领型四种模式。李天柱等（2020）以 VCC 为研究视角，凝练出产品延伸服务化、产品增强服务化、主导产品服务化、业务单元服务化及核心能力服务化五种制造业服务化的经典模型。

（三）装备制造业服务化效应与绩效的相关研究

服务化效应方面，有学者指出制造业出口技术复杂度与离岸投入服务化存在显著正向关系，与陆上投入服务化存在影响强度较弱的负向关系（Fang Ming et al.，2018）。袁征宇等（2020）指出制造业投入服务化可以有效促进中国企业出口产品质量的提升。盛新宇（2020）对生产性服务进口作用过程进行研究发现，一国进口服务制度密集度越高，越有利于本国制造业服务化发展。尹伟华（2020）对中国制造业整体出口服务化水平进行研究，发现在研究时段内其水平稳步提升，同时指出服务要素在制造业出口中发挥着越来越重要的作用。成丽红（2020）指出制造业实行服务化战略有效促进企业出口产品密度增加，并且对于出口要素密度更高的产品显著性更强。陈丽娴（2020）等在研究制造业服务化和企业出口决策与出口规模关系时发现，制造业服务化对企业出口决策和出口规模具有较大的抑制作用，但实质上二者存在"U"型关系，并且该关系受企业所有制和地区的影响。

服务化绩效方面，谢琳娜等（2019）的研究表明装备制造业的产品创新对企业绩效存在倒"U"型影响。还有学者发现服务导向与制造业企业绩效存在直接关系，服务导向正向影响制造业企业绩效，顾客导向和学习导向与企业绩效不存在直接关系，而是通过服务创新能力的中介作用对制造业企业绩效产生间接作用（Yong Lin et al.，2019）。张伯超等（2020）对企业服务化与研发强度关系进行研究，发现二者存在显著的倒"U"型关系，表明服务化率在一定区间内对企业研发创新具有积极的推动作用。李方静（2020）探究制造业投入服务化与企业创新决策、创新投入和创新产出的关系时发现，投入服务化对另外三者均存在显著的正向影响。

三、高端装备制造业转型升级研究现状

高端装备制造业作为制造业的核心产业与价值链高端环节，对于中国制

造业转型升级和相关产业高端化发展具有重要助推作用，能带动其他产业共同进步，助力国民经济发展。通过文献检索，近年来国内外学者对高端装备制造业转型升级的相关研究大致可以归为以下三个方面。

（一）高端装备制造业创新效率相关研究

作为我国七大战略性新兴产业之一，高端装备制造业当前处于价值链高端位置，属于整个产业链的核心环节，具有前后关联效应。范德成和杜明月（2018）认为创新资源配置是否合理有效是影响产业持续发展的主要因素，其研究表明我国装备制造业创新资源配置的整体效率和阶段效率在子行业间存在不同程度的波动和差异，技术研发阶段效率偏低制约了整体效率的优化。曾刚和耿成轩（2019）以高端装备制造业为研究对象，通过模型测度出行业整体融资效率均值大于 0.85，马尔姆奎斯特（Malmquist）平均指数总体保持在 1.0 左右的水平。傅为忠和聂锡云（2019）以高端装备制造业为研究对象，采用随机非参数数据包络分析法（StoNED）和 Tobit 模型，发现各子行业科技创新效率差别较大。有学者揭示了我国电子通信设备制造业在各地区的分布状况、发展现状、发展过程中存在的问题以及今后的发展对策（Cao Huiying et al.，2019）。有学者对我国装备制造业绿色经济发展进行了客观全面的评价，指出纯技术效率和规模效率均有所下降，表明规模和产业结构有待进一步优化（Li Weijuan et al.，2020）。赵子健和傅佳屏（2020）研究不同地区的装备制造业全要素生产率（TFP），发现东部地区TFP 最高，但增长率最低，而西部地区 TFP 最低，但增长率最高。王厚双和盛新宇（2020）以贸易竞争力为判断依据，研究中国高端装备制造业国际市场竞争力同其他国家相比的情况，发现我国高端装备制造业存在竞争力不强但市场渗透率高的特征。

（二）高端装备制造业转型升级影响因素相关研究

高端装备制造业的转型升级受多种因素影响，董桂才和王鸣霞（2018）指出中国高端装备制造业贸易和普通商品贸易相比更易受国际政治关系的影响。陈海波和姚蕾（2019）指出生产性服务进口、行业规模扩张、资本深化以及研发支出结构改善均可以有效提升我国装备制造业技术创新效率。于树江和赵丽娇（2019）指出装备制造业技术创新绩效与税收优惠、创新补贴存在负向关系。有学者以我国海洋工程装备行业的数据为基础，运用扎根理论和 GRNN – DEMATEL 方法，找出了八个影响我国海洋装备产业发展的关键因素，为提高产业竞争力提供了理论指导和参考（Li Tuochen et al.，2020）。此外还有学者分析港口装备制造业生产性服务业转型的影响因素，确定港口装备制造业生产性服务业转型的关键因素（Qi Liangqun et al.，2020）。殷秀清等（2020）在对企业技术创新效率的影响因素进行研究时发现，技术创新效率受政府研发资助的负向影响和企业研发投入的正向影响，并且发现政府资助对企业研发投入具有挤出效应，导致对企业技术创新效率的负向影响更加显著。刘兰剑等（2020）指出政府创新政策和高端装备制造业创新产出存在正向关系。黄满盈和邓晓虹（2021）以财务竞争为研究视角，对高端装备制造业转型升级驱动因素进行分析，得出营销能力、管理能力、资金能力和发展能力四个影响因素。

（三）高端装备制造业转型升级路径及策略研究

在高端装备制造业转型升级实现路径及策略研究方面，李玥等（2018）在对高端装备制造业技术创新能力路径实现进行研究时，构建了技术创新和知识整合的二元耦合模型，得出基于供应链、产业联盟和创新平台的三条路径。田庆锋等（2019）将系统动力学方法与高端装备制造业企业商业模式结合，探究商业模式画布九要素如何有机组合形成创新路径。王成东等（2020）以中国高端装备制造业为研究对象，采用随机前沿分析法（Stochastic Frontier Analysis，SFA），发现产业研发三阶段效率在研究时段内呈稳步上升趋势。有学者对 34 家海洋工程设备制造企业进行财务风险评估，并给出建设性意见，以帮助企业更好地发展（Sun，2019）。也有学者研究了增材制造技术在铁路轨道装备制造业领域的挑战和前景，使轨道装备制造业迈向更加智能化发展的方向（Fu Hao et al.，2021）。有学者运用政府统计资料及线上资料，应用 OxMetrics 软件包对海洋工程装备制造业的发展进行预测，并指出在线数据的应用有助于提高预测结果（Xu Xiaofei et al.，2020）。还有学者采用熵权法测度海洋装备制造业的可持续发展，表明数字技术对中国海洋装备制造业有正向影响，且数字贸易起中介作用（He Xinhua et al.，2022）。

四、高端装备制造业服务化的相关研究

高端装备制造业的服务化过程其实就是企业自身资源、组织形式、技术

研发以及主营业务等相配套的各方面都围绕服务战略进行系统转化、匹配和协同的过程，因此服务化转型对于实现可持续发展有重要意义。国内外学者针对高端装备制造业的研究多集中在高端装备制造业创新和高端装备制造业转型升级两方面。夏后学等（2017）基于智能生产与服务网络视角，提出新型产业创新平台可更为有效地实现中国装备制造业的高端化转型升级。杨瑾和薛纯（2022）就开放式创新环境下高端装备制造业转型升级的作用机理进行研究，认为产业可以通过潜在吸收能力进行资源快速获取，增加知识存量，增强实际吸收能力以实现资源高效应用，推动高端装备制造业转型升级。可见，国内对于高端装备制造业服务化的研究尚不多见，针对高端装备制造业服务化模式的研究更为稀缺。

五、国内外研究现状评述

通过对相关文献的梳理，可知国内外学者在价值共创、装备制造业转型升级、装备制造业服务化等领域进行了广泛而深入的研究，并取得了大量对于本书研究极具参考价值的研究成果，具体表现在以下三个方面。

第一，有关价值共创的研究主要有三个方向，分别是价值共创发展研究、价值共创动因研究、价值共创实现研究。总体来说，对价值共创本身的研究覆盖基本全面，但是基于价值共创进行研究的对象大多集中在轻工业体系和旅游文化餐饮等方面，很少对高端装备制造业方面进行价值共创研究。

第二，有关装备制造业服务化的研究，进一步归结为三个方面，分别是服务化影响因素、服务化模式、服务化效应与绩效。对装备制造业服务化的相关研究较为全面，但是对高端装备制造业服务化模式实现机理的研究以及服务化模式的选择方面存在不足。

第三，有关我国高端装备制造业的研究多数围绕技术创新展开，研究其他因素与技术创新之间的关系，还有部分研究则关于当下我国高端装备制造业的竞争力现状和价值链地位，对高端装备制造业的研究过于集中化，对高端装备制造业服务化机理进行系统研究的较少。

目前国内外对于价值共创视角与高端装备制造业服务化模式相结合的理论研究较为薄弱，缺乏对价值共创视角下中国高端装备制造业服务化机理理论的研究。作为新的价值创造模式，价值共创对于高端装备制造业实现服务化转型具有极大的推动作用，因此本书将基于价值共创视角对高端装备制造业服务化机理进行深度解析，探究这一视角下高端装备制造业服务化的内在机制，为高端装备制造业实现服务化提供新的发展方向。

第四节 研究内容和研究方法

一、研究内容

第一章介绍研究背景、研究目的和研究意义，从价值共创、装备制造业服务化以及高端装备制造业转型升级三个方面分析国内外研究现状，并介绍研究方法，绘制技术路线图。

第二章分别从国家层面、产业层面与价值流动视角对中国高端装备制造业服务化水平进行测度，以更为直观地体现中国高端装备制造业服务化发展现状，从而更好地发现中国高端装备制造业服务化存在的问题，为中国高端装备制造业服务化机理的揭示与服务化模式的设计提供基础。

第三章首先对价值共创、高端装备制造业、高端装备制造业服务化和服务化模式等相关概念进行界定；其次对高端装备制造业服务化系统进行分析；最后基于价值共创视角，采用扎根理论方法系统分析我国高端装备制造业服务化机理，找出价值共创视角下影响我国高端装备制造业服务化的关键因素，确定影响服务化系统演变的序参量，据此进行价值共创视角下中国高端装备制造业服务化模式的总体设计。

第四章、第五章和第六章分别介绍基于企业主导的产品链条式服务化、基于用户企业主导的市场标准化服务化、基于全方位联合的数字模块化服务化三种模式。分别论述每种服务化模式的内涵、架构与特征，从价值主张提出、价值流动以及价值共创实现三个方面对每种服务化模式进行设计，给出相应的运行策略以及运行要点。

第七章主要探讨价值共创视角下中国高端装备制造业服务化模式如何选择。以高端装备制造业服务化能力和用户企业参与服务化能力为选择依据，确定各自所处的服务化状态，选择适宜的服务化模式。

第八章提出价值共创视角下中国高端装备制造业服务化保障策略。从政策、组织、环境三个方面出发，更为有效地保障价值共创视角下中国高端装备制造业服务化模式的有效运行。

二、研究方法

（一）文献分析法

文献分析法是指通过多种渠道进行文献搜集，并对搜集到的相关文献进行整理与分析，从而在理论层面形成科学认知的方法。本书通过知网、谷歌学术等国内外数据库搜集与研究相关文献，对价值共创、高端装备制造业以及高端装备制造业服务化等发展现状有了一定了解，并在此基础上设计了本书的写作思路。

（二）扎根理论方法

扎根理论是针对某一事物的发展状态，通过实地观察和对象访谈等方式获取资料，并运用系统化程序对资料展开分析，归纳该现象所蕴含的内在规律的质性研究方法。本书运用扎根理论对价值共创视角下中国高端装备制造业服务化的机理进行质性研究，探究其内在的演进规律，找出影响系统变化的序参量，依据序参量有效设计服务化模式。

（三）灰色关联度分析法

灰色关联度主要依据因素动态性变化特征，根据各因素在发展过程中表现出的相似度或相异度衡量各因素之间的关联关系。本书将灰色关联度分析用于二级定量指标权重获取的过程中。

（四）聚类分析法

聚类分析是指将多个物理对象或抽象对象进行分类，每一类中所含对象具有相似特征，各类对象之间相互独立。本书应用聚类分析法判别服务化系统不同状态下的差异，作为服务化模式选择的重要依据。

三、技术路线

本书技术路线如图 1-1 所示。

中国高端装备制造业服务化研究：基于价值共创视角

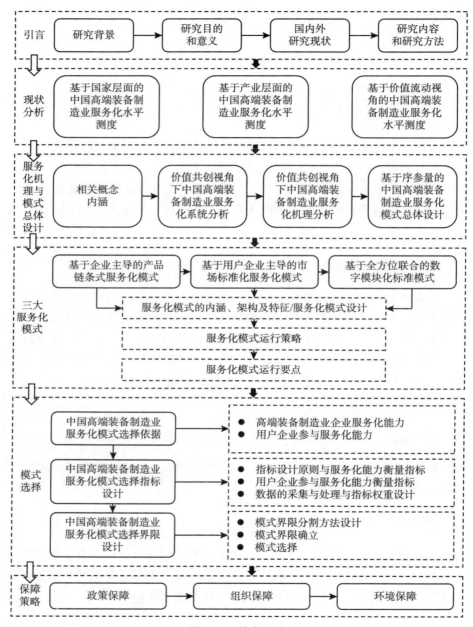

图1-1 技术路线

第二章　中国高端装备制造业服务化发展现状分析

高端装备制造业的发展是保持经济平稳增长的"稳定器"，《中国制造2025》和党的十九大均将高端装备制造业作为我国重点发展领域。在美国等发达国家实施贸易保护主义和逆全球化战略的时代背景下，中国高端装备制造业的价值链体系面临重大冲击。新冠肺炎疫情进一步影响中国高端装备制造业参与全球价值链的广度与深度，使市场需求结构和生产函数发生重大变化，面临供需价值错配、国家价值链核心价值环节缺失、全球价值链循环不畅等多重问题。

党的十九大以来，我国不断进行高端装备制造业的优化升级，党中央、国务院高度重视高端装备制造业的发展，高端装备制造业服务化是符合经济发展规律、适应新的产业内外环境、实现产业高质量发展的主动选择，有利于实现产业更高质量、更有效率、更可持续、更为安全的发展，因此受到学术界和产业界的广泛关注。

第一节　基于国家层面的中国高端装备制造业服务化水平测度

高端装备制造业通常是具有生产制造高技术、高附加值的先进工业设施设备的行业。目前，我国学术界尚无对高端装备制造业具体细分行业分类的明确规定，因此，在相关研究中的划分标准不一。本章结合《国务院关于加快培育和发展战略性新兴产业的决定》中提出的高端装备制造业5大重点发展方向、国家统计局的产业分类标准及綦良群、范德成等学者的相关研究，结合世界投入产出表（World Input - Output Database，WIOD）中的数据分类，对中国与世界主要国家的高端装备制造业服务化水平展开测度及分析。

一、基于国家层面的中国高端装备制造业服务化水平测度方法

基于多区域投入产出（Multi - Regional Input Output，MRIO）模型，参考库普曼等（Koopman et al.，2014）、王直等（2015）、吴永亮（2018）对于一国产出增加值分析的基本框架，依据世界投入产出表，世界范围内存在 G 个国家且每个国家均存在 N 个行业，可得 $GN \times G$ 的产出矩阵 X，$GN \times G$ 的需求矩阵 Y，Xsr 为 $N \times 1$ 的产出向量，代表 s 国生产被 r 国消耗的各行业产出，Ysr 为 $N \times 1$ 的产出向量，代表 r 国对 s 国各行业的最终需求，直接消耗系数矩阵为 A，列昂惕夫逆矩阵为 B，可知 A 和 B 均为 $GN \times GN$ 的矩阵，E 为单位矩阵，由 $X = (E - A)^{-1} Y = BY$ 可知产出矩阵 X 与需求矩阵 Y 的转换如式（2 - 1）所示。

$$\begin{bmatrix} X_{11} & X_{12} & \cdots & X_{1G} \\ X_{21} & X_{22} & \cdots & X_{2G} \\ \vdots & \vdots & \ddots & \cdots \\ X_{G1} & X_{G2} & \cdots & X_{GG} \end{bmatrix} = \begin{bmatrix} E - A_{11} & -A_{12} & \cdots & -A_{1G} \\ -A_{21} & E - A_{22} & \cdots & -A_{2G} \\ \vdots & \vdots & \ddots & \cdots \\ -A_{G1} & -A_{G2} & \cdots & E - A_{GG} \end{bmatrix}^{-1} \begin{bmatrix} Y_{11} & Y_{12} & \cdots & Y_{1G} \\ Y_{21} & Y_{22} & \cdots & Y_{2G} \\ \vdots & \vdots & \ddots & \cdots \\ Y_{G1} & Y_{G2} & \cdots & Y_{GG} \end{bmatrix}$$

$$= \begin{bmatrix} B_{11} & B_{12} & \cdots & B_{1G} \\ B_{21} & B_{22} & \cdots & B_{2G} \\ \vdots & \vdots & \ddots & \cdots \\ B_{G1} & B_{G2} & \cdots & B_{GG} \end{bmatrix} \begin{bmatrix} Y_{11} & Y_{12} & \cdots & Y_{1G} \\ Y_{21} & Y_{22} & \cdots & Y_{2G} \\ \vdots & \vdots & \ddots & \cdots \\ Y_{G1} & Y_{G2} & \cdots & Y_{GG} \end{bmatrix} \quad (2 - 1)$$

依据世界投入产出表，可得 $GN \times GN$ 的增加值系数矩阵 $\hat{V}$，$\hat{V}_s$ 为 $N \times N$ 的对角阵，对角项与 V_s 中各行业的增加值系数相对应，令 v_s^n 表示国家 s 的行业 n 的增加值系数，代表国家 s 的行业 n 单位产出的增加值占比，其中 $s = 1$，2，$\cdots$，G，$n = 1$，2，$\cdots$，N，则增加值系数矩阵 $\hat{V}$ 如式（2 - 2）所示。

$$\hat{V} = \begin{bmatrix} \hat{V}_1 & 0 & 0 & 0 \\ 0 & \hat{V}_2 & 0 & 0 \\ 0 & 0 & \ddots & 0 \\ 0 & 0 & 0 & \hat{V}_G \end{bmatrix} = \begin{bmatrix} v_1^1 & & & & & & & & \\ & v_1^2 & & & & & & & \\ & & \ddots & & & & & & \\ & & & v_1^n & & & & & \\ & & & & \ddots & & & & \\ & & & & & v_G^1 & & & \\ & & & & & & v_G^2 & & \\ & & & & & & & \ddots & \\ & & & & & & & & v_G^n \end{bmatrix} \quad (2-2)$$

则总产出的增加值分解框架如式（2-3）所示。

$$\hat{V}X = \hat{V}B\hat{Y} = \begin{bmatrix} \hat{V}_1 & 0 & 0 & 0 \\ 0 & \hat{V}_2 & 0 & 0 \\ 0 & 0 & \ddots & 0 \\ 0 & 0 & 0 & \hat{V}_G \end{bmatrix} \begin{bmatrix} B_{11} & B_{12} & \cdots & B_{1G} \\ B_{21} & B_{22} & \cdots & B_{2G} \\ \vdots & \vdots & \ddots & \vdots \\ \vdots & \vdots & \cdots & \vdots \\ B_{G1} & B_{G2} & \cdots & B_{GG} \end{bmatrix} \begin{bmatrix} Y_1 & & & \\ & Y_2 & & \\ & & \ddots & \\ & & & Y_G \end{bmatrix}$$

$$(2-3)$$

戴翔、彭水军等学者利用出口矩阵替代式（2-3）中的最终需求矩阵，进而计算制造业服务化水平。考虑到一国出口产品中包含国内外的重复计算部分，故吴永亮学者提出利用增加值投入替代最终需求矩阵来计算服务化水平，该方法规避了中间品投入重复计算的问题。参照吴永亮提出的计算方式进一步分析，定义"&"为矩阵中对应行各项相乘但不加总，得到 $\hat{V}B\&\hat{Y}$ 的完整表达式如式（2-4）所示。

$\hat{V}B\&\hat{Y}$

$$= \begin{bmatrix} v_1^1 & & & & & & \\ & v_1^2 & & & & & \\ & & \ddots & & & & \\ & & & v_1^n & & & \\ & & & & \ddots & & \\ & & & & & v_G^1 & \\ & & & & & & v_G^2 \\ & & & & & & & \ddots \\ & & & & & & & & v_G^n \end{bmatrix} \begin{bmatrix} b_{11}^{11} & b_{11}^{12} & \cdots & b_{11}^{1n} & b_{1G}^{11} & b_{1G}^{12} & \cdots & b_{1G}^{1n} \\ b_{11}^{21} & b_{11}^{22} & \cdots & b_{11}^{2n} & b_{1G}^{21} & b_{1G}^{22} & \cdots & b_{1G}^{2n} \\ \vdots & \vdots & \ddots & \vdots & \cdots & \vdots & \vdots & \ddots & \vdots \\ b_{11}^{n1} & b_{11}^{n2} & \cdots & b_{11}^{nn} & b_{1G}^{n1} & b_{1G}^{n2} & \cdots & b_{1G}^{nn} \\ \vdots & & & & \ddots & & & \vdots \\ b_{G1}^{11} & b_{G1}^{12} & \cdots & b_{G1}^{1n} & b_{GG}^{11} & b_{GG}^{12} & \cdots & b_{GG}^{1n} \\ b_{G1}^{21} & b_{G1}^{22} & \cdots & b_{G1}^{2n} & b_{GG}^{21} & b_{GG}^{22} & \cdots & b_{GG}^{2n} \\ \vdots & \vdots & \ddots & \vdots & & \vdots & \vdots & \ddots & \vdots \\ b_{G1}^{n1} & b_{G1}^{n2} & \cdots & b_{G1}^{nn} & b_{GG}^{n1} & b_{GG}^{n2} & \cdots & b_{GG}^{nn} \end{bmatrix} \& \begin{bmatrix} Y_1^1 \\ Y_1^2 \\ \vdots \\ Y_1^n \\ \vdots \\ Y_G^1 \\ Y_G^2 \\ \vdots \\ Y_G^n \end{bmatrix}$$

$$
=\begin{bmatrix}
v_1^1 b_{11}^{11} Y_1^1 & v_1^1 b_{11}^{12} Y_1^1 & \cdots & v_1^1 b_{11}^{1n} Y_1^1 & v_1^1 b_{12}^{11} Y_2^1 & v_1^1 b_{12}^{12} Y_2^1 & \cdots & v_1^1 b_{12}^{1n} Y_2^1 & v_1^1 b_{1G}^{11} Y_G^1 & v_1^1 b_{1G}^{12} Y_G^1 & \cdots & v_1^1 b_{1G}^{1n} Y_G^1 \\
v_1^2 b_{11}^{21} Y_1^2 & v_1^2 b_{11}^{22} Y_1^2 & \cdots & v_1^2 b_{11}^{2n} Y_1^2 & v_1^2 b_{12}^{21} Y_2^2 & v_1^2 b_{12}^{22} Y_2^2 & \cdots & v_1^2 b_{12}^{2n} Y_2^2 & v_1^2 b_{1G}^{21} Y_G^2 & v_1^2 b_{1G}^{22} Y_G^2 & \cdots & v_1^2 b_{1G}^{2n} Y_G^2 \\
\vdots & \vdots & \ddots & \vdots & \vdots & \vdots & \ddots & \vdots & & \vdots & & \vdots \\
v_1^n b_{11}^{n1} Y_1^n & v_1^n b_{11}^{n2} Y_1^n & \cdots & v_1^n b_{11}^{nn} Y_1^n & v_1^n b_{12}^{n1} Y_2^n & v_1^n b_{12}^{n2} Y_2^n & \cdots & v_1^n b_{12}^{nn} Y_2^n & v_1^n b_{1G}^{n1} Y_G^n & v_1^n b_{1G}^{n2} Y_G^n & \cdots & v_1^n b_{1G}^{nn} Y_G^n \\
v_2^1 b_{21}^{11} Y_1^1 & v_2^1 b_{21}^{12} Y_1^1 & \cdots & v_2^1 b_{21}^{1n} Y_1^1 & & & & & & & & \\
v_2^2 b_{21}^{21} Y_1^2 & v_2^2 b_{21}^{22} Y_1^2 & \cdots & v_2^2 b_{21}^{2n} Y_1^2 & & & \ddots & \vdots & & \vdots & & \vdots \\
\vdots & \vdots & \ddots & \vdots & & & & & & & & \\
v_2^n b_{21}^{n1} Y_1^n & v_2^n b_{21}^{n2} Y_1^n & \cdots & v_2^n b_{21}^{nn} Y_1^n & & & & & & & & \\
\vdots & & & & & & \ddots & & & & & \\
v_G^1 b_{G1}^{11} Y_1^1 & v_G^1 b_{G1}^{12} Y_1^1 & \cdots & v_G^1 b_{G1}^{1n} Y_1^1 & & & & & v_G^1 b_{GG}^{11} Y_G^1 & v_G^1 b_{GG}^{12} Y_G^1 & \cdots & v_G^1 b_{GG}^{1n} Y_G^1 \\
v_G^2 b_{G1}^{21} Y_1^2 & v_G^2 b_{G1}^{22} Y_1^2 & \cdots & v_G^2 b_{G1}^{2n} Y_1^2 & & & & & v_G^2 b_{GG}^{21} Y_G^2 & v_G^2 b_{GG}^{22} Y_G^2 & \cdots & v_G^2 b_{GG}^{2n} Y_G^2 \\
\vdots & \vdots & \ddots & \vdots & & & & & \vdots & \vdots & \ddots & \vdots \\
v_G^n b_{G1}^{n1} Y_1^n & v_G^n b_{G1}^{n2} Y_1^n & \cdots & v_G^n b_{G1}^{nn} Y_1^n & & & & & v_G^n b_{GG}^{n1} Y_G^n & v_G^n b_{GG}^{n2} Y_G^n & \cdots & v_G^n b_{GG}^{nn} Y_G^n
\end{bmatrix}
$$

$$(2-4)$$

由式（2-4）$\hat{V}B\&\hat{Y}$ 最终得到 $GN \times GN$ 的矩阵中元素 $v_s^i b_{sr}^{ij} Y_r^i$，当 $s=r$ 时，表示国家 s 的行业 i 投入本国的行业 j 的增加值，当 $s \ne r$ 时，表示国家 s 的行业 i 出口国家 r 的行业 j 的增加值，进一步分析，$v_s^i b_{sr}^{ij} Y_r^i$ 即为国家 r 的行业 j 消耗国家 s 的行业 i 的增加值，也是国家 s 的行业 i 的增加值产出中被国家 s 的行业 i 消耗的增加值。依据高端装备制造业行业特征及本书研究内容，参考 WIOD 数据库，划分多区域投入产出表（Multiregional Input - Output Table）中行业代码为 c23、c24、c25、c26、c27、c28、c30、c32 的行业为高端制造业。将行业代码 c11、c17 - c22 确定为高端装备制造业，同时将行业代码 c25、c27 - c28、c42 - c56 确定为生产性服务业，即 $G=44$，$N=8$，则 s、$r \in \{1, 2, 3, \cdots, 44\}$，$i$、$j \in \{1, 2, 3, \cdots, 8\}$，$i$、$j=4$ 时，表示高端装备制造业；i、$j=8$ 时，表示生产性服务业；s、$r=8$ 时，表示中国。则中国高端装备制造业投入服务化水平为 *Servitization_input*，经济含义为中国高端装备制造业消耗世界各国各行业的增加值投入总量中消耗生产性服务业的增加值投入的占比，如式（2-5）所示；投入国内服务化水平为 *Servitization_input_domestic*，经济含义为中国高端装备进制造业消耗世界各国各行业的增加值投入总量中消耗中国的生产性服务业的增加值投入的占比，如式（2-6）所示；投入国外服务化水平为 *Servitization_input_overseas*，经济含义为中国高端装备制造业消耗世界各国各行业的增加值投入总量中消耗非中国的生产性服务业的增加值投入的占比，如式（2-7）所示。

$$Servitization\_input = \frac{\sum\limits_{s=1}^{44} v_s^8 b_{s8}^{84} Y_8^8}{\sum\limits_{i=1}^{8} \sum\limits_{s=1}^{44} v_s^i b_{s8}^{i4} Y_8^i} \qquad (2-5)$$

$$Servitization\_input\_domestic = \frac{v_8^8 b_{88}^{84} Y_8^8}{\sum\limits_{i=1}^{8} \sum\limits_{s=1}^{44} v_s^i b_{s8}^{i4} Y_8^i} \qquad (2-6)$$

$$Servitization\_input\_overseas = \frac{\sum\limits_{s=1,s\neq8}^{44} v_s^8 b_{s8}^{84} Y_8^8}{\sum\limits_{i=1}^{8} \sum\limits_{s=1}^{44} v_s^i b_{s8}^{i4} Y_8^i} \qquad (2-7)$$

则中国高端装备制造业产出服务化水平为 $Servitization\_output$，经济含义为中国高端装备制造业产出的且被世界各国各行业消耗的增加值投入总量中被各国生产性服务业消耗的增加值投入量的占比，如式（2-8）所示；产出国内服务化水平为 $Servitization\_output\_domestic$，经济含义为中国高端装备制造业产出的且被世界各国各行业消耗的增加值投入总量中被中国生产性服务业消耗的增加值投入量的占比，如式（2-9）所示；产出国外服务化水平为 $Servitization\_output\_overseas$，经济含义为中国高端装备制造业产出的且被世界各国各行业消耗的增加值投入总量中被除中国以外的世界各国生产性服务业消耗的增加值投入量的占比，如式（2-10）所示。

$$Servitization\_input = \frac{\sum\limits_{s=1}^{44} v_8^4 b_{8r}^{48} Y_r^4}{\sum\limits_{j=1}^{8} \sum\limits_{r=1}^{44} v_8^4 b_{8r}^{4j} Y_r^4} \qquad (2-8)$$

$$Servitization\_input\_domestic = \frac{v_8^4 b_{88}^{48} Y_8^4}{\sum\limits_{j=1}^{8} \sum\limits_{r=1}^{44} v_8^4 b_{8r}^{4j} Y_r^4} \qquad (2-9)$$

$$Servitization\_input\_overseas = \frac{\sum\limits_{s=1,s\neq8}^{44} v_8^4 b_{8r}^{48} Y_r^4}{\sum\limits_{j=1}^{8} \sum\limits_{r=1}^{44} v_8^4 b_{8r}^{4j} Y_r^4} \qquad (2-10)$$

二、基于国家层面的中国高端装备制造业服务化水平测度结果分析

（一）中国高端装备制造业服务化水平测度结果分析

基于上述公式，2000～2014 年中国高端装备制造业投入服务化水平及产出服务化水平结果分别如表 2－1、表 2－2 所示。根据表 2－1 可知，2000～2014 年中国高端装备制造业投入服务化水平总体保持波动上涨趋势，2014 年投入服务化水平较 2001 年提升显著。进一步分析可知，2000～2014 年中国高端装备制造业投入服务化水平提升显著依赖高端装备制造业国内投入服务化，2000～2014 年中国高端装备制造业国内投入服务化水平与国外投入服务化水平差距日渐加剧，由 2000 年的 0.0618 扩大至 2014 年的 0.2652，说明中国高端装备制造业在 2000～2014 年更为青睐消耗国内供给的生产性服务要素。

表 2－1　　　　2000～2014 年中国高端装备制造业投入服务化水平

年份	投入服务化水平	国内投入服务化水平	国外投入服务化水平
2000	0.1835	0.0609	0.1227
2001	0.1964	0.0633	0.1331
2002	0.1884	0.0570	0.1315
2003	0.2008	0.0460	0.1548
2004	0.2189	0.0397	0.1792
2005	0.2468	0.0345	0.2123
2006	0.2505	0.0307	0.2198
2007	0.2543	0.0266	0.2277
2008	0.2704	0.0225	0.2480
2009	0.2421	0.0264	0.2157
2010	0.2683	0.0205	0.2477
2011	0.2891	0.0172	0.2719
2012	0.2992	0.0167	0.2824
2013	0.3102	0.0166	0.2936
2014	0.3034	0.0191	0.2843

资料来源：stata 统计输出。

产出服务化方面,如表 2-2 所示,2000～2014 年中国高端装备制造业产出服务化水平整体呈下降趋势,但降幅不大。值得注意的是,2008 年后中国高端装备制造业产出国内服务化水平虽实现小幅度回升但增幅不显著,即使产出国外服务化水平下降速率变缓,但是产出国内服务化水平与产出国外服务化水平差距日益明显。

表 2-2　　　　　2000～2014 年中国高端装备制造业产出服务化水平

年份	产出服务化水平	产出国内服务化水平	产出国外服务化水平
2000	0.0763	0.0594	0.0169
2001	0.0748	0.0604	0.0144
2002	0.0744	0.0593	0.0151
2003	0.0735	0.0581	0.0153
2004	0.0729	0.0573	0.0156
2005	0.0778	0.0628	0.0150
2006	0.0716	0.0573	0.0143
2007	0.0653	0.0535	0.0118
2008	0.0624	0.0528	0.0096
2009	0.0603	0.0546	0.0057
2010	0.0624	0.0559	0.0065
2011	0.0618	0.0558	0.0059
2012	0.0601	0.0551	0.0051
2013	0.0612	0.0561	0.0051
2014	0.0600	0.0550	0.0050

资料来源:stata 统计输出。

（二）中国高端装备制造业投入服务化水平国别比较分析

为进行国家层面的中国高端装备制造业服务化水平的横向比较,基于上文介绍的测度方法,对主要国家的高端装备制造业投入服务化水平进一步计算,结果如表 2-3 所示。

表 2 – 3　　　　2000 ~ 2014 年主要国家高端装备制造业投入服务化水平

年份	中国	美国	加拿大	英国	德国	法国	意大利	日本
2000	0. 1835	0. 3755	0. 2174	0. 3011	0. 2385	0. 2891	0. 2794	0. 2874
2001	0. 1964	0. 3639	0. 2396	0. 3091	0. 2407	0. 2965	0. 2842	0. 2981
2002	0. 1884	0. 3548	0. 2352	0. 3115	0. 2558	0. 2974	0. 2961	0. 3036
2003	0. 2008	0. 3649	0. 2466	0. 3335	0. 2657	0. 3106	0. 3061	0. 2948
2004	0. 2189	0. 3745	0. 2557	0. 3412	0. 2738	0. 3168	0. 3038	0. 3004
2005	0. 2468	0. 3859	0. 2744	0. 3554	0. 2845	0. 3287	0. 3113	0. 3332
2006	0. 2505	0. 3831	0. 2938	0. 3642	0. 2761	0. 3366	0. 3125	0. 3376
2007	0. 2543	0. 3790	0. 3033	0. 3832	0. 2698	0. 3386	0. 3103	0. 3299
2008	0. 2704	0. 3781	0. 3082	0. 3632	0. 2783	0. 3510	0. 3132	0. 3456
2009	0. 2421	0. 3506	0. 3125	0. 3758	0. 3051	0. 3474	0. 3242	0. 3148
2010	0. 2683	0. 3651	0. 3241	0. 3797	0. 2913	0. 3630	0. 3305	0. 3213
2011	0. 2891	0. 3780	0. 3293	0. 3877	0. 2851	0. 3631	0. 3357	0. 3420
2012	0. 2992	0. 3867	0. 3299	0. 3775	0. 2892	0. 3589	0. 3399	0. 3497
2013	0. 3102	0. 3811	0. 3289	0. 3800	0. 2687	0. 3524	0. 3346	0. 3494
2014	0. 3034	0. 3770	0. 3211	0. 3852	0. 2745	0. 3487	0. 3319	0. 3438

资料来源：stata 统计输出。

　　从表 2 – 3 中可知，中国的投入服务化水平总体持续上升，且涨幅较大，但投入服务化水平仍低于世界范围均值，需进一步提升投入服务化水平。美国投入服务化水平整体保持平稳波动趋势，2000 ~ 2006 年始终处于各国投入服务化水平的最高点，但在 2007 年以后被英国反超。德国的投入服务化水平表现为倒"U"型趋势，其前期的投入服务化水平平稳上升，2009 年出现下降趋势，由 2009 年的 0. 3051 下降为 2013 年的 0. 2687，下降了11. 93%。英国仅落后于美国，在 2000 ~ 2007 年呈上升趋势，且上升幅度较大，2007 年超过美国以后呈平稳波动趋势。法国投入服务化水平整体同样呈倒"U"型发展趋势，2000 ~ 2011 年持续上涨，2011 年达到顶峰，之后缓慢下降。意大利和日本的投入服务化水平总体保持小幅平稳上升趋势，于2012 年出现最高值。其他国家的投入服务化水平总体均呈缓慢上升状态。

　　投入服务化水平还可以进一步细分为国内投入服务化水平与国外投入服务化水平，主要用于区分投入的服务要素来自国内还是国外，各主要国家高端装备制造业国内投入服务化水平如表 2 - 4 所示。

表 2 - 4　2000 ~ 2014 年主要国家高端装备制造业国内投入服务化水平

年份	中国	美国	加拿大	英国	德国	法国	意大利	日本
2000	0.0609	0.0631	0.1379	0.1044	0.0366	0.0928	0.1036	0.1132
2001	0.0633	0.0722	0.1636	0.1109	0.0379	0.0969	0.1079	0.1268
2002	0.0570	0.0745	0.1666	0.1067	0.0411	0.1011	0.1048	0.1306
2003	0.0460	0.0712	0.1731	0.1135	0.0385	0.1027	0.1041	0.1258
2004	0.0397	0.0667	0.1729	0.1169	0.0378	0.1013	0.1010	0.1186
2005	0.0345	0.0651	0.1754	0.1181	0.0367	0.0987	0.0969	0.1129
2006	0.0307	0.0639	0.1879	0.1173	0.0346	0.1026	0.0896	0.1066
2007	0.0266	0.0671	0.2022	0.1154	0.0311	0.1035	0.0860	0.1015
2008	0.0225	0.0615	0.1964	0.1103	0.0309	0.1009	0.0884	0.0859
2009	0.0264	0.0790	0.2085	0.1253	0.0354	0.1019	0.1031	0.1134
2010	0.0205	0.0705	0.1979	0.1212	0.0288	0.0946	0.0897	0.0906
2011	0.0172	0.0616	0.1810	0.1106	0.0262	0.0848	0.0826	0.0800
2012	0.0167	0.0589	0.1739	0.0917	0.0248	0.0805	0.0882	0.0723
2013	0.0166	0.0611	0.1815	0.1091	0.0265	0.0868	0.0932	0.0767
2014	0.0191	0.0627	0.1865	0.1095	0.0259	0.0857	0.0938	0.0745

资料来源：stata 统计输出。

　　由表 2 - 4 可知，各主要国家高端装备制造业国内投入服务化差异明显。中国的国内投入服务化水平较低，处于平均值之下，且呈持续下降趋势，由 2000 年的 0.0609 下降为 2014 年的 0.0191。加拿大各年国内服务化水平均显著高于其他主要国家，2000 ~ 2009 年的国内服务化水平持续上升，在 2009 年达到顶峰后出现持续性下降，由 2009 年的 0.2085 降到 2012 年的 0.1739，随后略有攀升。2002 年日本的国内服务化水平处于第二位，2002 ~ 2008 年整体呈下降趋势，2009 年出现大幅回升，由 2008 年的 0.0859 上升到 2009 年的 0.1134，但 2010 年之后又开始持续下降。英国 2000 ~ 2009 年整体呈上升趋势，由 2000 年的 0.1044 上升为 2009 年的 0.1253，与其他国家相比，其国内投入服务化水平不降反升。德国整体上呈缓慢下降趋势，2000 ~ 2004 年均低于中国高端装备制造业国内服务化水平，其顶峰即为

2002 年的 0.0411，2014 年出现最低值 0.0259。法国和意大利均位于中间水平，且均呈缓慢下降趋势。相较上述国家，其他大多数国家的国内投入服务化水平呈平稳状态，并未出现大幅变化。

用同样的方法计算各主要国家高端装备制造业国外投入服务化水平，所得结果如表 2 - 5 所示。

表 2 - 5　　2000 ~ 2014 年主要国家高端装备制造业国外投入服务化水平

年份	中国	美国	加拿大	英国	德国	法国	意大利	日本
2000	0.1227	0.3124	0.0794	0.1967	0.2019	0.1963	0.1758	0.1742
2001	0.1331	0.2917	0.0760	0.1982	0.2028	0.1996	0.1763	0.1714
2002	0.1315	0.2802	0.0686	0.2048	0.2147	0.1963	0.1913	0.1730
2003	0.1548	0.2938	0.0735	0.2201	0.2272	0.2078	0.2020	0.1690
2004	0.1792	0.3078	0.0828	0.2243	0.2360	0.2155	0.2029	0.1818
2005	0.2123	0.3208	0.0990	0.2373	0.2479	0.2300	0.2144	0.2202
2006	0.2198	0.3192	0.1059	0.2469	0.2414	0.2339	0.2229	0.2310
2007	0.2277	0.3119	0.1011	0.2678	0.2387	0.2350	0.2244	0.2284
2008	0.2480	0.3166	0.1118	0.2529	0.2475	0.2501	0.2248	0.2597
2009	0.2157	0.2716	0.1040	0.2504	0.2697	0.2454	0.2211	0.2015
2010	0.2477	0.2946	0.1262	0.2585	0.2625	0.2685	0.2407	0.2307
2011	0.2719	0.3164	0.1482	0.2771	0.2589	0.2784	0.2531	0.2620
2012	0.2824	0.3279	0.1560	0.2858	0.2644	0.2784	0.2517	0.2773
2013	0.2936	0.3200	0.1475	0.2709	0.2422	0.2656	0.2414	0.2726
2014	0.2843	0.3143	0.1347	0.2757	0.2486	0.2630	0.2381	0.2692

资料来源：stata 统计输出。

由表 2 - 5 可知，除美国外，其他各主要国家 2000 ~ 2014 年的国外投入服务化水平总体持续上升。中国高端装备制造业 2000 ~ 2014 年表现出持续上升，且变化幅度最大，由 2000 年的 0.1227 上升为 2013 年的 0.2936，增长幅度为 139%，在 2009 年出现小幅下跌，由 2008 年的 0.2480 下降为 2009 年的 0.2157。美国的国外投入服务化水平处于第一位，2000 ~ 2014 年总体呈持续波动趋势，最小值为 2009 年的 0.2716，最大值为 2012 年的 0.3279；2000 ~ 2002 年呈下降趋势，2002 年以后有所回升，2005 年回升到

0.3208，但持续时间较短，2009 年又出现大幅下降，由 2008 年的 0.3166 下降为 2009 年的 0.2716。英国在 2000～2014 年国外投入服务化水平表现出持续上涨的趋势，从 2000 年的最小值 0.1967 提升为 2012 年的 0.2858，总体提升了 45%。日本的国外投入服务化水平在 2000～2014 年的波动幅度较大，由 2000 年的 0.1742 上升为 2008 年的 0.2597，2009 年下降为 0.2015，又于 2012 年上升至 0.2773。其余主要国家 2000～2014 年的国外投入服务化水平整体呈上升趋势，出现了一定增长，2012 年各国国外投入服务化水平均较高。

（三）中国高端装备制造业产出服务化水平国别比较分析

产出服务化水平则指高端装备制造业产出的且被世界各国各行业消耗的增加值投入总量中被各国生产性服务业消耗的增加值投入量的占比，首先计算主要国家高端装备制造业的产出服务化水平，如表 2-6 所示。

表 2-6　　2000～2014 年主要国家高端装备制造业产出服务化水平

年份	中国	美国	加拿大	英国	德国	法国	意大利	日本
2000	0.0763	0.0244	0.0453	0.0368	0.0283	0.0301	0.0377	0.0345
2001	0.0748	0.0217	0.0402	0.0355	0.0259	0.0283	0.0356	0.0328
2002	0.0744	0.0219	0.0418	0.0353	0.0271	0.0282	0.0361	0.0340
2003	0.0735	0.0223	0.0417	0.0345	0.0268	0.0275	0.0341	0.0347
2004	0.0729	0.0233	0.0433	0.0344	0.0266	0.0282	0.0346	0.0359
2005	0.0778	0.0231	0.0415	0.0349	0.0281	0.0303	0.0343	0.0371
2006	0.0716	0.0234	0.0412	0.0347	0.0289	0.0316	0.0355	0.0379
2007	0.0653	0.0253	0.0418	0.0341	0.0288	0.0315	0.0352	0.0383
2008	0.0624	0.0268	0.0436	0.0357	0.0298	0.0319	0.0348	0.0386
2009	0.0603	0.0247	0.0429	0.0375	0.0288	0.0307	0.0328	0.0381
2010	0.0624	0.0275	0.0439	0.0404	0.0319	0.0337	0.0355	0.0394
2011	0.0617	0.0292	0.0447	0.0408	0.0331	0.0350	0.0362	0.0399
2012	0.0601	0.0284	0.0445	0.0423	0.0335	0.0349	0.0370	0.0402
2013	0.0612	0.0264	0.0476	0.0445	0.0343	0.0361	0.0379	0.0429
2014	0.0600	0.0261	0.0476	0.0420	0.0337	0.0354	0.0367	0.0428

资料来源：stata 统计输出。

由表 2 - 6 可知，2000 ~ 2014 年中国高端装备制造业产出服务化水平呈下降趋势，且其产出服务化水平高于其他国家的产出服务化水平，由 2000 年的 0.0763 下降为 2014 年的 0.0600，在 2005 年达到最高值 0.0778。美国的产出服务化水平 2000 ~ 2014 年一直处于最低状态，其变化趋势较为平缓。第二名为加拿大，变化较为平稳，2013 年和 2014 年达到一致。意大利、日本、英国的产出服务化水平不相上下，且同样呈缓慢上升趋势。法国与德国的产出服务化水平类似，仅高于美国。其他国家的产出服务化水平也较为平缓。

　　产出服务化水平同样也可进一步细分为国内产出服务化水平与国外产出服务化水平，主要用于区分产出的服务要素来自国内还是国外，各主要国家高端装备制造业国内产出服务化水平计算结果如表 2 - 7 所示。

表 2 - 7　　2000 ~ 2014 年主要国家高端装备制造业国内产出服务化水平

年份	中国	美国	加拿大	英国	德国	法国	意大利	日本
2000	0.0594	0.0220	0.0024	0.0058	0.0100	0.0039	0.0137	0.0253
2001	0.0604	0.0196	0.0018	0.0051	0.0097	0.0044	0.0133	0.0234
2002	0.0593	0.0196	0.0017	0.0053	0.0092	0.0041	0.0143	0.0226
2003	0.0581	0.0197	0.0021	0.0045	0.0097	0.0038	0.0138	0.0229
2004	0.0572	0.0200	0.0020	0.0042	0.0092	0.0032	0.0129	0.0221
2005	0.0628	0.0194	0.0017	0.0034	0.0083	0.0025	0.0103	0.0203
2006	0.0573	0.0190	0.0018	0.0031	0.0082	0.0024	0.0107	0.0187
2007	0.0535	0.0203	0.0017	0.0030	0.0080	0.0022	0.0106	0.0167
2008	0.0528	0.0201	0.0022	0.0020	0.0070	0.0016	0.0082	0.0169
2009	0.0546	0.0178	0.0033	0.0025	0.0065	0.0018	0.0073	0.0165
2010	0.0559	0.0192	0.0033	0.0022	0.0056	0.0014	0.0059	0.0154
2011	0.0558	0.0195	0.0033	0.0017	0.0054	0.0012	0.0046	0.0136
2012	0.0551	0.0191	0.0032	0.0019	0.0045	0.0010	0.0041	0.0136
2013	0.0561	0.0177	0.0030	0.0023	0.0040	0.0009	0.0036	0.0102
2014	0.0550	0.0181	0.0024	0.0026	0.0036	0.0008	0.0032	0.0086

　　资料来源：stata 统计输出。

　　由表 2 - 7 可知，2000 ~ 2014 年中国高端装备制造业的国内产出服务化水平处于最高水平，但整体呈波动下降趋势，2005 年中国高端装备制造业的国内产出服务化水平出现大幅上升，由 2004 年的 0.0572 增加为 2005 年的 0.0628，随后 2006 年、2007 年和 2008 年出现了连续下降。由 2005 年的最高值 0.0628 下降为 2008 年的 0.0528。日本在 2000～2014 年的国内产出服务化水平处于持续下降的趋势，由 2000 年的 0.0253 下降为 2014 年的 0.0086，与 2000 年相比下降了 66%。德国的国内产出服务化水平在 2000～2014 年出现持续性下降，由 2000 年的 0.0100 下降为 2014 年的 0.0036。意大利国内产出服务化水平的变化趋势和德国基本一致，其服务化水平在 2002 年达到最高值 0.0143，2003 年之后出现持续性下降，在 2014 年出现最低值 0.0032。2000～2014 年美国的国内产出服务化水平呈缓慢下降趋势，2000～2006 年持续下降，随后有所上升，在 2007 年上升为 0.0203，从 2009 年开始波动下降，由 2008 年的 0.0201 下降为 2009 年的 0.0178。其他主要国家 2000～2014 年国内产出服务化水平相比于上述国家的变化趋势较为平缓，未出现大幅波动。

用同样的方法计算各主要国家高端装备制造业国外产出服务化水平，所得结果如表 2-8 所示。

表 2-8　　2000～2014 年主要国家高端装备制造业国外产出服务化水平

年份	中国	美国	加拿大	英国	德国	法国	意大利	日本
2000	0.0169	0.0024	0.0429	0.0310	0.0183	0.0262	0.0240	0.0092
2001	0.0144	0.0022	0.0383	0.0303	0.0162	0.0239	0.0222	0.0094
2002	0.0151	0.0023	0.0401	0.0299	0.0179	0.0241	0.0218	0.0114
2003	0.0153	0.0026	0.0396	0.0300	0.0171	0.0237	0.0203	0.0119
2004	0.0156	0.0033	0.0413	0.0302	0.0174	0.0250	0.0217	0.0138
2005	0.0150	0.0037	0.0397	0.0315	0.0198	0.0278	0.0240	0.0167
2006	0.0143	0.0043	0.0395	0.0316	0.0207	0.0292	0.0248	0.0191
2007	0.0118	0.0050	0.0401	0.0311	0.0209	0.0292	0.0247	0.0216
2008	0.0096	0.0067	0.0415	0.0336	0.0227	0.0303	0.0266	0.0217
2009	0.0057	0.0069	0.0395	0.0351	0.0223	0.0288	0.0255	0.0216
2010	0.0065	0.0082	0.0406	0.0382	0.0263	0.0323	0.0296	0.0240
2011	0.0059	0.0096	0.0414	0.0390	0.0277	0.0338	0.0316	0.0264

续表

年份	中国	美国	加拿大	英国	德国	法国	意大利	日本
2012	0.0051	0.0092	0.0413	0.0404	0.0290	0.0339	0.0329	0.0265
2013	0.0051	0.0087	0.0446	0.0422	0.0303	0.0352	0.0343	0.0327
2014	0.0050	0.0080	0.0453	0.0394	0.0301	0.0346	0.0335	0.0342

资料来源：stata 统计输出。

由表 2-8 可知，中国高端装备制造业的国外产出服务化水平相对较低，且是 8 个国家中唯一一个呈持续下降趋势的，由 2000 年的 0.0169 下降至 2014 年的 0.0050。加拿大 2000～2014 年的高端装备制造业国外产出服务化变化趋势呈 "W" 型，其最高值为 2013 年的 0.0446，最小值为 2001 年的 0.0383，整体处于国外产出服务化的较高水平。2000～2014 年美国的国外产出服务化水平整体呈缓慢上升的趋势，从 2009 年开始超过中国。日本的国外产出服务化水平整体处于世界平均水平之下，但期间一直呈上升状态，从 2000 年的 0.0092 上升为 2014 年的 0.0342，变化幅度远超其他国家。其他主要国家的高端装备制造业国外产出服务化水平均呈稳步上升趋势，并未出现大幅变化。

第二节　基于产业层面的中国高端装备制造业服务化水平测度

一、高端装备制造业各细分行业服务化水平测度

本章以 2002 年、2005 年、2007 年、2010 年、2012 年、2015 年、2017 年和 2018 年全国投入产出表的原始数据，通过分别计算直接消耗系数、完全消耗系数，对中国高端装备制造业投入服务化水平进行测度。高端装备制造业对生产性服务业的直接消耗系数和完全消耗系数反映了高端装备制造业与生产性服务业的跨产业融合程度。本书分别采用高端装备制造业各细分行业对生产性服务业的直接消耗系数和完全消耗系数衡量高端装备制造业的投入服务化程度，直接消耗系数和完全消耗系数的值越大，表明高端装备制造

业的服务化程度越高；直接消耗系数和完全消耗系数的值越小，表明高端装备制造业的服务化程度越低。

（一）中国高端装备制造业的交通运输及仓储服务化水平

作为生产性服务业的传统行业，交通运输及仓储业具有产业基础好、与高端装备制造业产业互动较强的特点，通过投入产出法对 8 个时点中国高端装备制造业各细分行业的交通运输及仓储服务化水平进行测度，所得结果如表 2-9、表 2-10 所示。

表 2-9　　　　　2002～2018 年中国高端装备制造业交通
运输及仓储服务化水平（直接消耗系数）

年份	通用、专用设备制造业	交通运输设备制造业	电气、机械及器材制造业	通信设备、计算机及其他电子设备制造业	仪器仪表及文化办公用机械制造业
2002	0.0287	0.0212	0.0264	0.0156	0.0307
2005	0.0339	0.0253	0.0305	0.0225	0.0313
2007	0.0229	0.0166	0.0189	0.0117	0.0198
2010	0.0284	0.0195	0.0247	0.0174	0.0225
2012	0.0284	0.0291	0.0230	0.0160	0.0254
2015	0.0007	0.0004	0.0002	0.0004	0.0003
2017	0.0287	0.0258	0.0262	0.0129	0.0226
2018	0.0312	0.0299	0.0259	0.0133	0.0227

资料来源：stata 统计输出。

中国高端装备制造业各细分行业对交通运输及仓储业的直接消耗系数如表 2-9 所示。由表 2-9 可知，通用、专用设备制造业在上述 8 个年份中，对交通运输及仓储业的直接消耗系数最高，在 2005 年达到最高为 0.0339，随后在 2015 年出现大幅下降，从 2012 年的 0.0284 下降为 2015 年的 0.0007。值得注意的是，其直接消耗系数在 2017 年回归到 2012 年的消耗程度，并呈显著上升的趋势。通信设备、计算机及其他电子设备制造业对交通运输及仓储业的直接消耗系数总体较低，且其变化程度与其他行业相比较小。仪器仪表及文化办公用机械制造业对交通运输及仓储业的直接消耗系数呈"W"型变动趋势，但在 2017 年出现大幅增加，由 2015 年的 0.0003 增加为 2017 年的 0.0226。交通运输设备制造业和电气、机械及器材制造业对交通运输及仓储业的直接消耗系数与通用、专用设备制造业的变化趋势基本一致，整体略低于通用、专用设备制造业对交通运输及仓储业的直接消耗系数。

表 2 − 10　　　　2002～2018 年中国高端装备制造业交通运输
及仓储服务化水平（完全消耗系数）

年份	通用、专用设备制造业	交通运输设备制造业	电气、机械及器材制造业	通信设备、计算机及其他电子设备制造业	仪器仪表及文化办公用机械制造业
2002	0.0916	0.0844	0.0929	0.0791	0.0884
2005	0.1231	0.1165	0.1231	0.1230	0.1227
2007	0.0881	0.0846	0.0885	0.0757	0.0804
2010	0.1090	0.1012	0.1104	0.1009	0.1021
2012	0.1069	0.1123	0.1037	0.0928	0.1000
2015	0.0027	0.0023	0.0020	0.0025	0.0022
2017	0.0981	0.0968	0.0979	0.0814	0.0865
2018	0.1012	0.1051	0.0981	0.0838	0.0874

资料来源：stata 统计输出。

中国高端装备制造业各细分行业对交通运输及仓储业的完全消耗系数如表 2 − 10 所示。整体来看，高端装备制造业各细分行业对交通运输及仓储业的完全消耗系数变化高度一致，2015 年高端装备制造业各细分行业对交通运输及仓储业的完全消耗系数为最低水平，最低值为 0.0020，2005 年为最高水平，最高值为 0.1231。从各细分行业来看，通用、专用设备制造业在上述 8 个年份中，对交通运输及仓储业的完全消耗系数最高，在 2015 年出现大幅下降，从 2012 年的 0.1069 下降为 2015 年的 0.0027。通信设备、计算机及其他电子设备制造业对交通运输及仓储业的完全消耗系数总体较低，其增减变化方向与通用、专用设备制造业一致。值得注意的是，虽然完全消耗系数反映的高端装备制造业各细分行业变化方向与变化幅度一致，但是与直接消耗系数所反映的服务化水平略有差异。

（二）中国高端装备制造业信息传输、计算机服务和软件服务化水平

作为生产性服务业的基础性、战略性、先导性产业，信息传输、计算机服务和软件服务业具有技术更新快、产品附加值高、能源消耗低、应用范围广、与高端装备制造业渗透融合力强的特点，通过投入产出法对 2002 ~ 2018 年中国高端装备制造业各细分行业的信息传输、计算机服务和软件服务化水平进行测度，分别计算其直接消耗系数、完全消耗系数，所得结果如表 2 - 11、表 2 - 12 所示。

表 2 - 11　　　　2002 ~ 2018 年中国高端装备制造业信息传输、计算机
服务和软件服务化水平（直接消耗系数）

年份	通用、专用设备制造业	交通运输设备制造业	电气、机械及器材制造业	通信设备、计算机及其他电子设备制造业	仪器仪表及文化办公用机械制造业
2002	0.0125	0.0111	0.0084	0.0062	0.0166
2005	0.0127	0.0121	0.0168	0.0078	0.0110
2007	0.0027	0.0017	0.0024	0.0097	0.0043
2010	0.0031	0.0020	0.0029	0.0087	0.0038
2012	0.0026	0.0008	0.0015	0.0057	0.0033
2015	0.0371	0.0353	0.0513	0.0370	0.0435
2017	0.0040	0.0021	0.0036	0.0183	0.0049
2018	0.0046	0.0024	0.0043	0.0197	0.0058

资料来源：stata 统计输出。

中国高端装备制造业各细分行业对信息传输、计算机服务和软件服务业的直接消耗系数如表 2 - 11 所示。整体上电气、机械及器材制造业在上述 8 个年份中，对信息传输、计算机服务和软件服务业的直接消耗系数最高，在 2015 年达到最高值 0.0513，除此以外各年均处于较低水平并相对平稳。仪器仪表及文化办公用机械制造业对信息传输、计算机服务和软件服务业的直接消耗系数屈居第二位，整体变动趋势与电气、机械及器材制造业一致，除了 2015 年显著增加外，其余年份均保持在 0.0166 以下。其余细分行业对信息传输、计算机服务和软件服务业的直接消耗系数变动趋势几乎一致，除在

2015 年达到峰值，其余各年份均在 0.0008 ~ 0.0200 徘徊。

表 2 - 12   2002 ~ 2018 年中国高端装备制造业信息传输、计算机
服务和软件服务化水平（完全消耗系数）

年份	通用、专用设备制造业	交通运输设备制造业	电气、机械及器材制造业	通信设备、计算机及其他电子设备制造业	仪器仪表及文化办公用机械制造业
2002	0.0339	0.0342	0.0300	0.0296	0.0370
2005	0.0387	0.0406	0.0435	0.0393	0.0381
2007	0.0159	0.0147	0.0187	0.0328	0.0206
2010	0.0165	0.0151	0.0177	0.0301	0.0206
2012	0.0143	0.0117	0.0127	0.0231	0.0171
2015	0.1314	0.1262	0.1517	0.1318	0.1528
2017	0.0245	0.0205	0.0239	0.0613	0.0315
2018	0.0295	0.0260	0.0293	0.0710	0.0380

资料来源：stata 统计输出。

中国高端装备制造业各细分行业对信息传输、计算机服务和软件服务业的完全消耗系数如表 2 - 12 所示。整体来看，高端装备制造业各细分行业对信息传输、计算机服务和软件服务业的完全消耗系数变化与其对交通运输及仓储业的完全消耗系数变化相反，2015 年各高端装备制造业细分行业对信息传输、计算机服务和软件服务业的完全消耗系数为最高水平，最高值为 0.1528，2012 年为最低水平，最低值为 0.0117。从细分行业来看，仪器仪表及文化办公用机械制造业在上述 8 个年份中，对信息传输、计算机服务和软件服务业的完全消耗系数最高，在 2015 年达到峰值，但除 2015 年以外，其余年份均保持较低水平，且变化幅度不大。交通运输设备制造业对信息传输、计算机服务和软件服务业的完全消耗系数相对较低，其增减变化方向与其他高端装备制造业细分行业基本一致，且完全消耗系数所反映的高端装备制造业各细分行业服务化水平与直接消耗系数所反映的服务化水平结果一样。

（三）中国高端装备制造业的金融保险服务化水平

随着现代金融活动日趋复杂化和信息化，作为生产性服务业之一的金融

保险服务业逐渐成为知识密集型和人力资本密集型的产业，高端装备制造业通过不断向金融保险业渗透，使得高端制造经济活动逐渐金融化。通过投入产出法对 2002～2018 年中国高端装备制造业各细分行业的金融保险服务化水平进行测度，所得结果如表 2－13、表 2－14 所示。

表 2－13　　　　　2002～2018 年中国高端装备制造业金融保险
服务化水平（直接消耗系数）

年份	通用、专用设备制造业	交通运输设备制造业	电气、机械及器材制造业	通信设备、计算机及其他电子设备制造业	仪器仪表及文化办公用机械制造业
2002	0.0142	0.0080	0.0121	0.0150	0.0084
2005	0.0110	0.0067	0.0077	0.0115	0.0047
2007	0.0089	0.0062	0.0081	0.0264	0.0078
2010	0.0106	0.0082	0.0111	0.0275	0.0078
2012	0.0200	0.0146	0.0183	0.0259	0.0250
2015	0.0043	0.0035	0.0011	0.0022	0.0076
2017	0.0168	0.0082	0.0138	0.0162	0.0159
2018	0.0163	0.0080	0.0141	0.0164	0.0161

资料来源：stata 统计输出。

中国高端装备制造业各细分行业对金融保险业的直接消耗系数如表 2－13 所示。由表 2－13 可知，通信设备、计算机及其他电子设备制造业在上述 8 个年份中，对金融保险业的直接消耗系数最高，2007 年、2010 年、2012 年均保持在 0.0264 附近，随后在 2015 年出现大幅下降，从 2012 年的 0.0259 下降为 2015 年的 0.0022。值得注意的是，其直接消耗系数在 2017 年回归至 0.0162，随后呈缓慢上升趋势。交通运输设备制造业对金融保险业的直接消耗系数总体较低，各年变化幅度较小，最高为 2012 年的 0.0146，最低为 2015 年的 0.0035。仪器仪表及文化办公用机械制造业对金融保险业的直接消耗系数呈波动态势，从 2010 年的 0.0078 升至 2012 年 0.0250，2015 年下降至 0.0076，并于 2017 年回归正常状态。其余两大产业对金融保险业的直接消耗系数与仪器仪表及文化办公用机械制造业的变化趋势基本一致，整体直接消耗系数略低。

表2–14　　　　　2002～2018年中国高端装备制造业金融保险

服务化水平（完全消耗系数）

年份	通用、专用设备制造业	交通运输设备制造业	电气、机械及器材制造业	通信设备、计算机及其他电子设备制造业	仪器仪表及文化办公用机械制造业
2002	0.0515	0.0442	0.0505	0.0604	0.0444
2005	0.0441	0.0397	0.0415	0.0522	0.0391
2007	0.0531	0.0499	0.0606	0.0946	0.0581
2010	0.0635	0.0604	0.0693	0.1021	0.0690
2012	0.0966	0.0907	0.0971	0.1158	0.1046
2015	0.0206	0.0188	0.0147	0.0173	0.0291
2017	0.0850	0.0733	0.0828	0.0932	0.0827
2018	0.0823	0.0731	0.0818	0.0937	0.0819

资料来源：stata 统计输出。

中国高端装备制造业各细分行业对金融保险服务业的完全消耗系数如表2–14所示。整体来看，除通信设备、计算机及其他电子设备制造业外，其他高端装备制造业细分行业对金融保险服务业的完全消耗系数变化方向及变化幅度一致。整体表现为2015年各高端装备制造业细分行业对金融保险服务业的完全消耗系数为最低水平，最低值为0.0147，2012年为最高水平，最高值为0.1158。从细分行业来看，通信设备、计算机及其他电子设备制造业在上述8个年份中，对金融保险服务业的完全消耗系数最高，各年均高于其他高端装备制造业细分行业，尤其以2007年和2010年较为突出，其完全消耗系数远高于其他细分行业。交通运输设备制造业对金融保险服务业的完全消耗系数总体较低。完全消耗系数所反映的高端装备制造业各细分行业服务化水平变化方向与变化幅度与直接消耗系数所反映的服务化水平有一定差异，但是整体所反映的变化趋势是一致的。

（四）中国高端装备制造业的租赁和商务服务化水平

虽然在生产性服务业中的占比并不高，但我国租赁和商务服务业的增长速度却在不断提高，呈加快增长趋势，并随之产生了多种创新的融资租赁形式。随着高端装备制造业的专业化程度不断提高，对租赁和商务服务的需求越来越大。通过投入产出法对 2002～2018 年中国高端装备制造业各细分行业的租赁和商务服务化水平进行测度，所得结果如表 2－15、表 2－16所示。

表 2－15　　　　　　　2002～2018 年中国高端装备制造业租赁和

商务服务化水平（直接消耗系数）

年份	通用、专用设备制造业	交通运输设备制造业	电气、机械及器材制造业	通信设备、计算机及其他电子设备制造业	仪器仪表及文化办公用机械制造业
2002	0.0100	0.0145	0.0128	0.0152	0.0089
2005	0.0118	0.0205	0.0213	0.0248	0.0123
2007	0.0062	0.0098	0.0169	0.0047	0.0123
2010	0.0088	0.0122	0.0219	0.0113	0.0127
2012	0.0148	0.0136	0.0107	0.0126	0.0104
2015	0.0012	0.0012	0.0004	0.0009	0.0011
2017	0.0204	0.0206	0.0141	0.0156	0.0130
2018	0.0222	0.0209	0.0149	0.0164	0.0133

资料来源：stata 统计输出。

中国高端装备制造业各细分行业对租赁和商务服务业的直接消耗系数如表 2－15 所示。整体来看，2015 年各高端装备制造业细分行业对租赁和商务服务业的直接消耗系数为最低水平，且最高不超过 0.0012；2018 年各高端装备制造业各细分行业对租赁和商务服务业的直接消耗系数整体最高。从细分行业来看，电气、机械及器材制造业在上述 8 个年份中，对租赁和商务服务业的直接消耗系数整体最高，在 2005 年、2010 年均保持在 0.0213 以上。而通信设备、计算机及其他电子设备制造业对租赁和商务服务业的直接消耗系数在 2005 年这一年处于峰值 0.0248，甚至超过了整体第一的电气、机械及器材制造业。通用、专用设备制造业对租赁和商务服务业的直接消耗系数整体最低，但在 2018 年反超其余各细分行业，达到最高值 0.0222。交通运输设备制造业对租赁和商务服务业的直接消耗系数变动幅度最大，呈振荡变动趋势。

表 2-16　　　　　　　2002～2018 年中国高端装备制造业租赁和
商务服务化水平（完全消耗系数）

年份	通用、专用设备制造业	交通运输设备制造业	电气、机械及器材制造业	通信设备、计算机及其他电子设备制造业	仪器仪表及文化办公用机械制造业
2002	0.0335	0.0408	0.0376	0.0481	0.0327
2005	0.0473	0.0618	0.0596	0.0801	0.0551
2007	0.0293	0.0364	0.0438	0.0312	0.0360
2010	0.0402	0.0472	0.0576	0.0527	0.0485
2012	0.0610	0.0613	0.0569	0.0665	0.0576
2015	0.0192	0.0184	0.0189	0.0184	0.0207
2017	0.0817	0.0840	0.0743	0.0879	0.0725
2018	0.0843	0.0868	0.0763	0.0924	0.0747

资料来源：stata 统计输出。

中国高端装备制造业各细分行业对租赁和商务服务业的完全消耗系数如表 2-16 所示。整体来看，中国高端装备制造业各细分行业对租赁和商务服务业的完全消耗系数变化呈波动较大的特征，2002 年高端装备制造业各细分行业对租赁和商务服务业的完全消耗系数为较低水平，2005 年有大幅提升，2007 年下降至比 2002 年更低的位置，随后保持稳定上升趋势，2012 年开始下降，并于 2015 年下降至最低水平，其后又恢复至比 2005 年更高的水平，并呈继续增长的趋势。从细分行业来看，通信设备、计算机及其他电子设备制造业在上述 8 个年份中，对租赁和商务服务业的完全消耗系数最高，其中 2018 年最高为 0.0924，2015 年最低为 0.0184。通用、专用设备制造业对租赁和商务服务业的完全消耗系数总体较低，其增减变化与高端装备制造业整体变化趋势保持一致。完全消耗系数所反映的高端装备制造业服务化水平与直接消耗系数所反映服务化水平基本相同。

（五）中国高端装备制造业的科学研究服务化水平

作为新型高端的生产性服务业，科学研究服务业区别于传统的生产性服务业，具有智能化、高附加值、强辐射带动的特点，在中国高端装备制造业服务化过程中起到了重要的桥梁和纽带的作用。通过投入产出法对 2002～2018 年中国高端装备制造业各细分行业的科学研究服务化水平进行测度，结果如表 2-17、表 2-18 所示。

表 2-17　　　　　　　　2002～2018 年中国高端装备制造业科学研究服务化水平（直接消耗系数）

年份	通用、专用设备制造业	交通运输设备制造业	电气、机械及器材制造业	通信设备、计算机及其他电子设备制造业	仪器仪表及文化办公用机械制造业
2002	0.0006	0.0008	0.0003	0.0009	0.0005
2005	0.0007	0.0009	0.0010	0.0012	0.0009
2007	0.0058	0.0080	0.0080	0.0047	0.0086
2010	0.0034	0.0068	0.0035	0.0067	0.0049
2012	0.0078	0.0067	0.0057	0.0124	0.0124
2015	0.0226	0.0209	0.0188	0.0202	0.0174
2017	0.0025	0.0019	0.0013	0.0027	0.0027
2018	0.0015	0.0020	0.0013	0.0027	0.0028

资料来源：stata 统计输出。

中国高端装备制造业各细分行业对科学研究服务业的直接消耗系数如表 2-17 所示。整体来看，中国高端装备制造业各细分行业对科学研究服务业的直接消耗系数变化趋势高度趋同，都表现为 2015 年最高，2002 年最低，且增减变化一致。从细分行业来看，通用、专用设备制造业在 2015 年对科学研究服务业的直接消耗系数最高，最大值为 0.0226，其余各年则表现不佳。而通信设备、计算机及其他电子设备制造业对科学研究服务业的直接消耗系数在 2015 年这一年处于峰值 0.0202，超过了电气、机械及器材制造业和仪器仪表及文化办公用机械制造业。电气、机械及器材制造业对科学研究服务业的直接消耗系数整体最低，多个年份的直接消耗系数均低于其余各细分行业。

表 2 – 18　　　　　　　2002～2018 年中国高端装备制造业科学

研究服务化水平（完全消耗系数）

年份	通用、专用设备制造业	交通运输设备制造业	电气、机械及器材制造业	通信设备、计算机及其他电子设备制造业	仪器仪表及文化办公用机械制造业
2002	0.0016	0.0019	0.0013	0.0025	0.0016
2005	0.0022	0.0027	0.0025	0.0036	0.0027
2007	0.0178	0.0231	0.0215	0.0189	0.0211
2010	0.0085	0.0146	0.0089	0.0170	0.0128
2012	0.0250	0.0248	0.0216	0.0393	0.0339
2015	0.0943	0.0898	0.0912	0.0910	0.0939
2017	0.0094	0.0091	0.0076	0.0115	0.0099
2018	0.0076	0.0090	0.0075	0.0116	0.0098

资料来源：stata 统计输出。

中国高端装备制造业各细分行业对科学研究服务业的完全消耗系数如表 2 – 18 所示。整体来看，完全消耗系数与直接消耗系数所反映的中国高端装备制造业各细分行业服务化水平基本一致，2015 年高端装备制造业各细分行业对科学研究服务业的完全消耗系数为最高水平，最高值为 0.0943，2002 年为最低水平，最低值为 0.0013。直接消耗系数在 2007 年、2010 年、2012 年各细分行业差异较大，而完全消耗系数在这 8 个年份中各细分行业差异均不大，与高端装备制造业各细分行业对科学研究服务业的完全消耗系数变化高度一致。从细分行业来看，通用、专用设备制造业在上述 8 个年份中对科学研究服务业的完全消耗系数最高，从 2002 年的最低水平上升至 2015 年的最高水平，2017 年和 2018 年大幅回落。电气、机械及器材制造业对科学研究服务业的完全消耗系数总体较低，但与高端装备制造业整体变化趋势一致。

（六）中国高端装备制造业的综合技术服务化水平

作为生产性服务业的基础行业，综合技术服务业具有知识密集性和劳动密集性的特征，并呈现较强的前后向产业关联性，对高端装备制造业具有较强的带动作用。通过投入产出法对 2002～2018 年中国高端装备制造业各细分行业的综合技术服务化水平进行测度，所得结果如表 2 – 19、表 2 – 20 所示。

表 2 – 19　　　　　　2002 ~ 2018 年中国高端装备制造业综合技术
服务化水平（直接消耗系数）

年份	通用、专用设备制造业	交通运输设备制造业	电气、机械及器材制造业	通信设备、计算机及其他电子设备制造业	仪器仪表及文化办公用机械制造业
2002	0.0018	0.0011	0.0011	0.0011	0.0015
2005	0.0023	0.0015	0.0016	0.0016	0.0020
2007	0.0015	0.0026	0.0010	0.0015	0.0015
2010	0.0059	0.0068	0.0049	0.0048	0.0058
2012	0.0054	0.0097	0.0027	0.0048	0.0053
2015	0.0127	0.0139	0.0157	0.0081	0.0137
2017	0.0053	0.0086	0.0028	0.0049	0.0050
2018	0.0052	0.0087	0.0029	0.0050	0.0051

资料来源：stata 统计输出。

中国高端装备制造业各细分行业对综合技术服务业的直接消耗系数如表 2 – 19 所示。整体来看，各高端装备制造业细分行业对综合技术服务业的直接消耗系数和对科学研究服务业的直接消耗系数的变化趋势基本相同，都表现为 2015 年处于最高水平，2007 年处于最低水平，且增减变化基本一致。从细分行业来看，电气、机械及器材制造业在上述 8 个年份中，对综合技术服务业的直接消耗系数整体最高，但其变化幅度最大，2012 年为最小值 0.0027，后急剧攀升至 2015 年的最高位后又迅速下降至 2017 年的 0.0028，并于 2018 年继续处于低水平。而交通运输设备制造业对综合技术服务业的直接消耗系数则保持稳步上升趋势，在 2015 年到达最高点后下降，但其下降幅度均小于其余各细分行业。其余细分行业对综合技术服务业的直接消耗系数则呈小幅振荡变动趋势。

表 2 – 20　　　　　　2002 ~ 2018 年中国高端装备制造业的综合
技术服务化水平（完全消耗系数）

年份	通用、专用设备制造业	交通运输设备制造业	电气、机械及器材制造业	通信设备、计算机及其他电子设备制造业	仪器仪表及文化办公用机械制造业
2002	0.0053	0.0046	0.0047	0.0047	0.0046
2005	0.0096	0.0086	0.0090	0.0094	0.0092
2007	0.0036	0.0057	0.0033	0.0045	0.0038
2010	0.0200	0.0226	0.0195	0.0205	0.0204
2012	0.0121	0.0191	0.0087	0.0136	0.0126
2015	0.0437	0.0447	0.0492	0.0367	0.0508
2017	0.0123	0.0175	0.0091	0.0147	0.0126
2018	0.0119	0.0178	0.0090	0.0149	0.0126

资料来源：stata 统计输出。

中国高端装备制造业各细分行业对综合技术服务业的完全消耗系数如表 2 – 20 所示。整体来看，高端装备制造业细分行业对综合技术服务业的完全消耗系数变化方向也较为一致，2015 年各高端装备制造业细分行业对综合技术服务业的完全消耗系数为最高水平，2007 年为最低水平。从细分行业来看，仪器仪表及文化办公用机械制造业在上述 8 个年份中，对综合技术服务业的完全消耗系数 2015 年为最高水平，最高值为 0.0508，2007 年为最低水平，为 0.0038。通信设备、计算机及其他电子设备制造业对综合技术服务业的完全消耗系数总体最低，其增减变化方向与仪器仪表及文化办公用机械制造业基本一致。完全消耗系数与直接消耗系数所反映的高端装备制造业综合技术服务化水平没有差别。

二、中国高端装备制造业总体服务化水平测度与分析

（一）基于 13 部门投入产出数据的中国高端装备制造业服务化水平

基于 2002 年、2005 年、2007 年、2010 年、2012 年、2015 年、2017 年、2018 年全国投入产出表 13 部门数据，采用投入产出法分别计算直接消

耗系数和完全消耗系数，对中国高端装备制造业总体服务化水平进行测度，结果如表 2 – 21、表 2 – 22 所示。

表 2 – 21　　中国高端装备制造业对生产性服务业的投入产出直接消耗系数

年份	交通运输及仓储业	信息传输、计算机服务和软件业	金融保险业	租赁和商务服务业	科学研究事业	综合技术服务业
2002	0.0230	0.0100	0.0125	0.0129	0.0007	0.0013
2005	0.0280	0.0117	0.0095	0.0192	0.0010	0.0018
2007	0.0179	0.0040	0.0120	0.0095	0.0067	0.0016
2010	0.0226	0.0042	0.0141	0.0129	0.0051	0.0057
2012	0.0244	0.0028	0.0200	0.0131	0.0085	0.0059
2015	0.0004	0.0423	0.0038	0.0009	0.0196	0.0129
2017	0.0226	0.0077	0.0138	0.0178	0.0022	0.0057
2018	0.0243	0.0086	0.0138	0.0187	0.0020	0.0057

资料来源：stata 统计输出。

中国高端装备制造业 13 部门直接消耗系数如表 2 – 21 所示。从整体上看，高端装备制造业对 6 个生产性服务行业的直接消耗系数总体变化较为平缓，而在 2015 年和 2017 年对 6 个行业的直接消耗系数均出现大幅波动。2015 年信息传输、计算机服务和软件业以及科学研究事业和综合技术服务业出现大幅上升，其中信息传输、计算机服务和软件业的变化幅度最大，从 2012 年的 0.0028 增长到 2015 年的 0.0423，2017 年降至 0.0077。而交通运输及仓储业、金融保险业、租赁和商务服务业发生大幅度下降，其中交通运输及仓储业的下降幅度最大，从 2012 年的 0.0244 降至 2015 年的 0.0004，2017 年出现回升。

表 2 – 22　　中国高端装备制造业对生产性服务业的投入产出完全消耗系数

年份	交通运输及仓储业	信息传输、计算机服务和软件业	金融保险业	租赁和商务服务业	科学研究事业	综合技术服务业
2002	0.0872	0.0326	0.0511	0.0390	0.0019	0.0049
2005	0.1217	0.0401	0.0445	0.0612	0.0027	0.0092

年份	交通运输及仓储业	信息传输、计算机服务和软件业	金融保险业	租赁和商务服务业	科学研究事业	综合技术服务业
2007	0.0860	0.0182	0.0589	0.0360	0.0205	0.0041
2010	0.1056	0.0188	0.0707	0.0485	0.0119	0.0207
2012	0.1055	0.0148	0.0983	0.0613	0.0270	0.0139
2015	0.0023	0.1404	0.0193	0.0190	0.0919	0.0451
2017	0.0940	0.0307	0.0824	0.0822	0.0095	0.0139
2018	0.0980	0.0371	0.0817	0.0852	0.0089	0.0139

资料来源：stata 统计输出。

中国高端装备制造业 13 部门完全消耗系数如表 2 - 22 所示。除 2015 年外中国高端装备制造业对交通运输及仓储业的完全消耗系数高于对其他的行业的完全消耗系数，整体呈波动变化的趋势，由 2002 年的 0.0872 上升为 2005 年的 0.1217。2015 年出现大幅下降，由 2012 年的 0.1055 下降为 2015 年的 0.0023。但在 2017 年对交通运输及仓储业的完全消耗系数基本回升。中国高端装备制造业对金融保险业的完全消耗系数总体呈上升状态，2002 ~ 2012 年持续上升，2012 ~ 2015 年出现大幅下降，2015 年与 2012 年相比下降了 0.079。对租赁和商务服务业的完全消耗系数在 2002 ~ 2018 年出现两次波动，2007 年呈小幅下降，由 2005 年的 0.0612 下降为 2007 年的 0.0360，2007 ~ 2012 年持续回升，2015 年与 2012 年相比，其完全消耗系数有所下降，说明高端装备制造业对租赁和商务服务业的依赖程度在逐渐减弱。对信息传输、计算机服务和软件业的完全消耗系数在 2012 ~ 2015 年出现大幅提升，2015 年达到顶峰 0.1404。科学研究事业在 2002 ~ 2012 年波动较为平稳，2012 ~ 2015 年其完全消耗系数出现提升。从整体上看，综合技术服务业的变化程度小于其他行业，并且高端装备制造业对综合技术服务业的完全消耗系数小于其他行业，表明中国高端装备制造业对综合技术服务业的服务化水平较低。

（二）基于 12 部门投入产出数据的中国高端装备制造业服务化水平

基于 2002 年、2005 年、2007 年、2010 年、2012 年、2015 年、2017 年、2018 年全国投入产出表 12 部门数据，采用投入产出法分别计算直接消耗系数和完全消耗系数对中国高端装备制造业总体服务化水平进行测度，结果如表 2 - 23、表 2 - 24 所示。

表 2 - 23　　中国生产性服务业对高端装备制造业的投入产出直接消耗系数

年份	通用、专用设备制造业	交通运输设备制造业	电气、机械及器材制造业	通信设备、计算机及其他电子设备制造业	仪器仪表及文化办公用机械制造业
2002	0.0678	0.0567	0.0611	0.0540	0.0666
2005	0.0725	0.0671	0.0789	0.0695	0.0622
2007	0.0480	0.0450	0.0552	0.0588	0.0543
2010	0.0602	0.0554	0.0690	0.0764	0.0575
2012	0.0790	0.0744	0.0617	0.0774	0.0818
2015	0.0786	0.0751	0.0876	0.0688	0.0836
2017	0.0776	0.0670	0.0618	0.0706	0.0641
2018	0.0809	0.0719	0.0634	0.0736	0.0658

资料来源：stata 统计输出。

中国高端装备制造业 12 部门直接消耗系数如表 2 - 23 所示。电气、机械及器材制造业对生产性服务业的直接消耗系数整体呈波动状态，最小值为 2007 年的 0.0552，最大值为 2015 年的 0.0876。2017 年呈下降趋势，说明电气、机械及器材制造业对生产性服务业的依赖程度在逐渐减弱。通用、专用设备制造业和交通运输设备制造业的变化趋势基本一致，2002 ~ 2005 年呈上升趋势，2005 ~ 2007 年有所下降，2007 ~ 2012 年发生大幅度上升，2012 ~ 2018 年基本处于平稳状态。交通运输设备制造业对生产性服务业的直接消耗系数低于其他行业的消耗系数。仪器仪表及文化办公用机械制造业在 2002 ~ 2007 年呈下降趋势，2010 ~ 2012 年有所上升，并在 2012 年达到最高水平。值得注意的是，2012 ~ 2015 年其对生产性服务业的消耗系数有所下降。通信设备、计算机及其他电子设备制造业总体上趋于上升状态，在 2002 年的服务化水平处于 5 个行业的最低水平。2002 年之后呈波动上升态势，在 2012 年达到最大值 0.0774。

表 2 – 24　　　中国生产性服务业对高端装备制造业的投入产出完全消耗系数

年份	通用、专用设备制造业	交通运输设备制造业	电气、机械及器材制造业	通信设备、计算机及其他电子设备制造业	仪器仪表及文化办公用机械制造业
2002	0.2163	0.2095	0.2156	0.2240	0.2078
2005	0.2653	0.2700	0.2796	0.3071	0.2668
2007	0.2073	0.2138	0.2359	0.2584	0.2198
2010	0.2574	0.2608	0.2830	0.3241	0.2734
2012	0.3154	0.3177	0.3009	0.3523	0.3260
2015	0.3062	0.2946	0.3218	0.2926	0.3425
2017	0.3099	0.2989	0.2948	0.3485	0.2947
2018	0.3163	0.3162	0.3019	0.3654	0.3038

资料来源：stata 统计输出。

中国高端装备制造业 12 部门完全消耗系数如表 2 – 24 所示。从整体上看，5 个细分行业对生产性服务业的完全消耗系数均处于上升状态。除 2015 年外通信设备、计算机及其他电子设备制造业的消耗系数普遍高于其他四个行业的消耗系数，说明通信设备、计算机及其他电子设备制造业的服务化水平较高。其在 2007 年和 2015 年出现了两次小幅下降，甚至消耗系数在 2015 年处于 5 个行业的最低点。电气、机械及器材制造业总体保持波动上升，2007 年完全消耗系数有所下降，由 2005 年的 0.2796 下降为 2007 年的 0.2359，在 2015 年达到最大值 0.3218。仪器仪表及文化办公用机械制造业在 2015 年达到最高峰 0.3425，且在该年高于其他四个行业的服务化水平。通用、专用设备制造业和交通运输设备制造业的变化趋势基本一致，整体呈波动上升态势，并在 2018 年达到同等水平。

第三节　基于价值流动视角的中国高端装备制造业服务化水平测度

一、高端装备制造业服务化水平测度方法的选择

高端装备制造业作为为其他制造业生产提供必需的技术装备和重要零部

件的母机行业，是制造业的核心和基础，具有极强的带动效应，高端装备制造业的发展水平很大程度上决定了制造业技术水准及竞争力，对中国制造企业参与全球化竞争至关重要。受中美贸易摩擦、新冠肺炎疫情导致的全球经济低迷影响，中国企业在航空航天、通信等多个领域面临高额关税、限制采购等贸易政策的威胁和影响，中国高端装备制造企业转型升级面临极大挑战。高端装备制造企业产品的生命周期较一般制造企业而言，其复杂性、系统性更强，研发、使用、维护、回收过程中涉及不同领域的知识、技术及经验，因而高端装备制造企业在满足用户需求过程中往往需要协同多个主体。欧美发达国家于20世纪90年代起依托服务化实现了制造业的转型升级，此后在世界经济范围内出现了明显的融合和增强作用，服务化也普遍被认为是实现企业转型升级的有效途径，为中国高端装备制造企业发展提供了有益借鉴。服务化有助于高端装备制造企业重构竞争优势、实现价值共创、提供针对性产品，在满足生产制造需求的基础上不断将服务融入高端装备制造产品的制造已成为高端装备制造业的共识。高端装备制造企业出于降低成本实现利润最大化、短期快速积累相关经验等目的，会将一些成本较高的服务、产品采用外包的形式获取。生产性服务业企业为高端装备制造业提供人力资本、知识资本等优质资源，在互动过程中有力地提升高端装备制造业的竞争力并促进产业结构的转型升级。在产业间的互动中，相互融合的趋势逐渐明显。产业间的互动融合过程并非是服务要素与生产活动的简单协作，而是互动融合行为主体在服务要素的聚集过程中利用服务要素重构要素流通过程的一系列复杂行为，高端装备制造业与生产性服务业互动融合的实质是产业的行为主体提高产品价值增量，提升产业利润空间的过程。

目前从产业层面测度服务化水平的研究大多从投入服务化、产出服务化两个角度分析。通常认为，高端装备制造业投入服务化是指高端装备制造业消耗生产性服务业提供的服务要素占高端装备制造业吸收各行业提供要素的比例，高端装备制造业产出服务化是指高端装备制造业产出的服务价值占其总产出的比例。高端装备制造业服务化已有的测度方法存在如下三类缺陷。一是测度结果较真实水平存在偏差，即准确性缺陷。依据投入产出法计算产业层面的投入服务化水平，主要是通过基于中间品投入计算的完全消耗系数和基于增加值投入占比的增加值率等指标予以表征；产业层面的产出服务化水平主要通过基于 WIOD 数据库提供的供给表计算高端装备制造业提供的服务产品数量占比和高端装备制造业上市公司披露的数据判断是否提供服务业务等指标予以表征。完全消耗系数、增加值占比等投入服务化指标的缺陷在于忽视了重复计算部分的价值，即中间品投入、进出口增加值在产业流动中的重复计算部分，故测度的服务化水平往往较实际水平偏高；此外，服务产品数量占比、高端装备制造业产出服务与否并不能全面体现高端装备制造业产出服务的价值体量，产出服务化水平有待进一步表征。二是测度结果强调了服务化的静态水平，忽略了服务化的动态水平，即动态性缺陷。常规测度投入服务化水平仅反映了高端装备制造业被投入的服务要素量占比等指标，无法反映高端装备制造业与生产性服务业互动过程中消耗服务要素的频次，即服务要素自生产性服务业流向制造业的频次；常规测度产出服务化水平仅反映了产出服务与否或产出服务数量等指标，无法反映高端装备制造业产出价值被生产性服务业消耗的频次，即服务价值自制造业流向生产性服务业的频次。三是测度结果忽略了服务化的关联性，即关联性缺陷。在国民经济系统中，各产业间因资金、技术等价值载体的流动而得以互相联系并实现自身的价值及增值。已有测度服务化的方法缺乏不同时段各产业间的服务要素循环进程、价值流动增值进程的直观体现。

图示评审技术（GERT）是一种广义的随机网络分析方法，通过对现实问题进行构模、计算，可以给出系统视角下现实问题的网络结构及节点间的传递特性，该技术近年来在社科、工程领域得到广泛应用。在社科领域，诸多学者利用 GERT 网络模型对现实问题反映出的复杂问题网络进行了建模，并对网络中流动的资金、信息、知识、技术等要素开展了特定的分析，俞斌利用 GERT 网络模型测度了农业部门到服务业部门的价值流动情况，张海涛绘制了信息生态链中各信息主体间的价值流动过程；郭本海开展了不同主体主导下的乳制品全产业链质量管控情景对比，测度了战略性新兴产业技术突破过程中的瓶颈；张瑜测度了产学研项目研制过程中知识要素的流动顺畅程度以及增值情况；还有学者利用 GERT 网络模型计算设计碳纤维产业链各行业间价值转移概率并揭示各部门间动态等价价值转移关系。GERT 模型的核心在于揭示一个系统按照一定的概率实现状态转换的过程，是刻画复杂系统的有效工具，是揭示研究系统内部价值动态的一种方法。鉴于此，利用 GERT 模型探寻高端装备制造业、生产性服务业与其他行业在国民经济系统中的价值流动过程，计算高端装备制造业与生产性服务业等行业在国民经济系统的整体视域下彼此间的价值流动情况，以此为基础开展关键指标的测度和服务化水平指标的定义，尝试规避传统测度方法下服务化水平的准确性缺陷、动态性缺陷和关联性缺陷。故依据 2002～2018 年中国竞争型投入产出表将国民经济系统中各行业数据分类整理，在国民经济系统整体视域下构建各经济部门间价值流动、价值增值情况的 GERT 网络模型，依据 2002～2018 年中国竞争型投入产出表资料进行建模，计算并分析高端装备制造业投入服务化水平与产出服务化水平。

本节拟解决的问题主要有三个方面：一是在国民经济系统整体视角下，基于价值流动视角探寻中国各经济部门的价值流动、价值增值关系，着力探寻高端装备制造业与生产性服务业间的价值流动关系；二是依据价值流动 GERT 网络模型构建高端装备制造业与生产性服务业间价值流动体现的服务化水平指标并刻画价值流动特征；三是求解价值流动 GERT 模型时利用矩阵表示法代替梅森公式法（Mason's Formula），为针对复杂的 GERT 网络结构进行表征和求解提供更为便捷、高效的量化计算方法。

二、价值流动 GERT 网络模型构建与求解

（一）模型构建及主要参数设定

在国民经济系统中，各行业因产品、资金、知识等价值载体的流动而得以互相联系，构成了复杂的 GERT 网络，产品、资金、知识等价值载体在流动中实现了自身的价值及增值，因此价值流动 GERT 网络的节点代表国民经济系统中的各个产业，网络的边代表各产业间的价值流动关系。本书依据中国历年竞争型投入产出表，通过分析 GERT 网络中各节点之间的价值流动过程及衍生的价值增值过程，重点分析高端装备制造业与生产性服务业之间价值流动过程中产生的价值流动量、价值增值量以及价值流动的频次，进而从价值流动视角开展高端装备制造业服务化水平的定义和计算。涉及 GERT 网络模型构建的中国历年竞争型投入产出表部分数据如表 2－25 所示。

表 2 – 25　　　　　　　　　　中国竞争型投入产出表部分数据

投入		中间品投入（经济部门 j）				中间使用合计
		1	2	…	n	
中间品投入（经济部门 i）	1	Z_{11}	Z_{12}	…	Z_{1n}	Y_1
	2	Z_{21}	Z_{22}	…	Z_{2n}	Y_2
	…	…	…	…	…	…
	n	Z_{n1}	Z_{n2}	…	Z_{nn}	Y_n
中间投入合计		X_1	X_2	…	X_n	
劳动者报酬		$\sum_{i=1}^{n} s_{i1}(1)$	$\sum_{i=1}^{n} s_{i2}(1)$	…	$\sum_{i=1}^{n} s_{in}(1)$	
生产税净额		$\sum_{i=1}^{n} s_{i1}(2)$	$\sum_{i=1}^{n} s_{i2}(2)$	…	$\sum_{i=1}^{n} s_{in}(2)$	
固定资产折旧		$\sum_{i=1}^{n} s_{i1}(3)$	$\sum_{i=1}^{n} s_{i2}(3)$	…	$\sum_{i=1}^{n} s_{in}(3)$	
营业盈余		$\sum_{i=1}^{n} s_{i1}(4)$	$\sum_{i=1}^{n} s_{i2}(4)$	…	$\sum_{i=1}^{n} s_{in}(4)$	

资料来源：綦良群，王金石，崔月莹，等. 中国装备制造业服务化水平测度——基于价值流动视角 [J]. 科技进步与对策，2021，38（14）：72 – 81.

在国民经济系统价值流动 GERT 网络模型中，各产业所代表的经济部门为 GERT 网络节点，由节点 i 到节点 j 的价值流动实现的过程为价值活动 ij，即价值活动 ij 为经济部门 i 向经济部门 j 投入中间品 Z_{ij} 的过程。价值活动 ij 实现时的概率为 p_{ij}，在国民经济系统价值流动 GERT 网络模型中，p_{ij} 等于价值活动 ij 实现时，价值流动量 q_{ij} 所占节点 i 价值流动总量 q_i 的比例，如式（2 – 11）所示，即 p_{ij} 为产业 i 流向产业 j 的中间品投入占产业 i 总投入的比重。

$$p_{ij} = \frac{q_{ij}}{q_i} = \frac{q_{ij}}{\sum_{j=1}^{n} q_{ij}} = \frac{Z_{ij}}{Y_i} \qquad (2 – 11)$$

价值活动 ij 实现时节点 i 向节点 j 传递的价值流为 U_{ij}，价值流包括劳动者报酬 $s_{ij}(1)$、生产税净额 $s_{ij}(2)$、固定资产折旧 $s_{ij}(3)$ 和营业盈余 s_{ij} (4)，这四项价值参量相互独立，其中 $i = 1, 2, \cdots, n$；$j = 1, 2, \cdots, l$，$n, l \geqslant 2$。可知价值流为参量的线性加和，则价值流动 GERT 网络的基本构成单元如图 2 – 1 所示。依据中国历年竞争型投入产出表判断，国民经济系统价值流动 GERT 网络模型中输入端的逻辑关系为"异或"，输出端的逻辑关系为"概率型"。

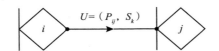

图 2-1　价值流动 GERT 网络的基本构成单元

在价值活动 ij 实现时，价值流中各价值参量的矩母函数为 $M_{s_{ij}(k)}$，则各价值参量的矩母函数 $M_{s_{ij}(k)}$ 之积与价值流动分配概率 p_{ij} 的乘积称为价值活动 ij 的传递函数 W_{ij}，如式（2-12）所示。在国民经济系统价值流动 GERT 网络模型中，传递函数 W_{ij} 的经济含义为各产业经产业 i 流向产业 j 的增加值投入总量。

$$W_{ij}(s_1, s_2, s_3, s_4) = p_{ij} \prod_{k=1}^{4} M_{x_{ij}(k)}(s_k) \qquad (2-12)$$

可知节点 i 到节点 j 的等价价值传递概率 P_{ij} 数值上等于传递函数 $W_{ij}(s_1, s_2, s_3, s_4)$ 中所有的 s_k 取 0 时的值，如式（2-13）所示。

$$P_{ij} = W_{ij}(s_1, s_2, s_3, s_4) \ \big|_{s_k=0} \qquad (2-13)$$

在价值活动 ij 实现时，各价值参量 $s_{ij}(k)$ 的平均价值增值量为价值参量 $s_{ij}(k)$ 的一阶矩，如式（2-14）所示，可知节点 i 到节点 j 的平均增值量为价值流动过程中各价值参量 $s_{ij}(k)$ 一阶矩的线性组合。在价值流动 GERT 网络中，节点间的平均价值增值量 $E[X(k)]$ 代表不同产业间流动产生的价值增值的总量。

$$E[s_{ij}(k)] = \frac{\partial}{\partial s_k}\left[\frac{W_{ij}(s_1, s_2, s_3, s_4)}{W_{ij}(0, 0, \cdots, 0)}\right]\Bigg|_{s_1=s_2=s_3=s_4=0} \qquad (2-14)$$

若将 GERT 网络中节点间流动的价值总量设置为 1，则价值活动 ij 实现过程中的价值转移量在数量上就等于等价传递概率，设 N_{ij} 表示节点 i 到节点 j 价值增值活动实现时的价值增值乘数，因为 P_{ij} 表示价值转移量，$E[s_{ij}(k)]$ 表示价值增值量，则价值增值乘数 N_{ij} 等于 GERT 网络中价值活动 ij 的平均价值增值量与价值转移量累加后和价值转移量的比值，如式（2-15）所示。在价值流动 GERT 网络中，价值增值乘数是指每单位中间品投入的变化所带来的价值增值的变动情况，通过计算价值增值系数可以在相同量纲下实现各主体之间的价值增值情况的对比。求解价值增值乘数即判断不同产业之间的价值传递过程中价值增值能力的乘数效应，价值增值乘数数值越大表明价值增值能力越强。

$$N_{ij} = \frac{E[X(k)] + P_{ij}}{P_{ij}} \qquad (2-15)$$

在国民经济系统价值流动 GERT 网络中，令等价矩母函数 $M_E(c; s_1, s_2, s_3, s_4)$，$s_k = 0$，对节点 i 到节点 j 的价值流动活动 ij 进行 C 标记，可求出节点 i 到节点 j 的价值平均转移次数。设价值平均转移次数 T_{ij} 表示价值活动 ij 被执行的平均次数，如式（2-16）所示。价值平均转移次数值越大，表明产业间价值传递过程中的价值增值活动越频繁，产业间互动程度越高。

$$T_{ij} = \frac{\partial M_E(C)}{\partial c}\bigg|_{c=0} \qquad (2-16)$$

（二）模型求解步骤

GERT 网络模型一般采用梅森公式求解等价传递函数，然而本书研究的 GERT 网络节点较多且回路繁杂，采用梅森公式分析拓扑结构特征较为复杂，故结合陶良彦、赵国枝提出的矩阵式表达方法，对 GERT 网络模型进行化简、求解，具体操作步骤如下。

（1）根据实际问题的具体特征，整理历年的投入产出表并计算各节点的价值流动分配概率 P_{ij}，分析 GERT 网络节点间价值流动流向和参量构成，构造国民经济系统价值流动 GERT 网络模型。

（2）确定价值流动 GERT 网络中节点间价值流动的各独立参量的分布参数，化简 GERT 网络至仅含目标节点，确定目标节点 i 到节点 j 价值流动活动的价值传递函数 W_{ij} 并求解。

（3）根据求解的目标节点间价值流动活动的等价传递函数 W_{ij}，依次确定相应的等价价值传递概率 P_{ij}、平均价值增值量 $E[s_{ij}(k)]$、价值增值乘数 N_{ij} 以及价值平均转移次数 T_{ij} 并对结果进行分析。

三、中国高端装备制造业服务化水平测度与分析

（一）数据来源

为简化国民经济系统价值流动 GERT 网络模型并探寻高端装备制造业与

生产性服务业间的价值流动特征，选取中国国家统计局发布的 2002～2018 年竞争型《中国投入产出表》数据进行分析，根据中国国家统计局发布的投入产出表实际情况以及颁布的历次产业划分规定，以《生产性服务业统计分类（2019）》及 2018 年投入产出表为基准，参考楚明钦、惠利的分类方法，将中国所有经济部门划分为 8 个产业大类，以避免历年投入产出表在统计口径、产业分类方面存在的差异性问题。

生产性服务业包含国民经济行业分类中的交通运输、仓储和邮政业、信息传输、软件和信息技术服务业、金融业、租赁和商务服务业、科学研究和技术服务业的数据，以及农林牧渔业中的农、林、牧、渔业部分的数据、采矿业中的开采辅助活动部分的数据和高端装备制造业中金属制品、机械和设备修理业部分的数据；高端装备制造业包含国民经济行业分类中的通用设备制造业，专用设备制造业，汽车制造业，铁路、船舶、航空航天和其他运输设备制造业，电气机械和器材制造业，计算机、通信和其他电子设备制造业以及仪器仪表制造业的数据。一般性服务业专指国民经济行业分类中除上述生产性服务业子类以外所有服务业子类的数据，一般性制造业专指国民经济行业分类中除上述高端装备制造业子类以外所有的制造业子类的数据，农、林、牧、渔业，采矿业，电热水业以及建筑业的数据按照常规划分方法。

（二）国民经济系统价值流动 GERT 模型结构

通过分析产业间的价值流动联系，构建国民经济系统内产业间价值流动 GERT 网络，价值流动 GERT 网络的 8 个节点为上文中将国民经济行业分类划分成的 8 个产业，价值流动 GERT 网络的边为 8 个产业间的价值流动关系，资金流动构成该 GERT 网络中的流，用节点 1 表示农林牧渔业，节点 2 表示采矿业，节点 3 表示一般性制造业，节点 4 表示高端装备制造业，节点 5 表示生产性服务业，节点 6 表示一般性服务业，节点 7 表示电热水业，节点 8 表示建筑业，则 2002～2018 年中国国民经济系统价值流动 GERT 网络的结构如图 2-2 至图 2-9 所示。需要说明的是，结构图展现的是节点间价值流动关系中的主体部分而非全部，即各产业间价值流动中的重点进程，部分节点间价值流动数量过少，故忽略不计并视作节点间无价值流动关系。国民经济系统价值流动 GERT 网络结构图的演变有助于直观展现不同年份中国各产业间价值流动重点的演化进程。遍历 2002～2018 年 GERT 网络结构图，以高端装备制造业（节点 4）流向生产性服务业（节点 5）为例，高端装备制造业多通过建筑业、一般性服务业流向生产性服务业，部分年份（2007年、2010年、2018年）缺乏高端装备制造业直接流向生产性服务业，即高端装备制造业被生产性服务业消耗的价值往往需要多产业传导，这也说明高端装备制造业产出服务化并不完全是高端装备制造业直接衍生出的生产性服务，在国民经济系统整体视域下综合分析，可以有效规避传统测度方法下服务化水平（直接消耗系数等）的关联性缺陷。

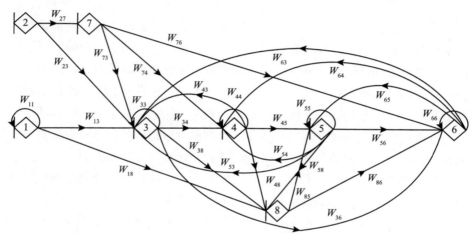

图 2-2　2002 年中国国民经济系统价值流动 GERT 网络结构

资料来源：笔者自制。

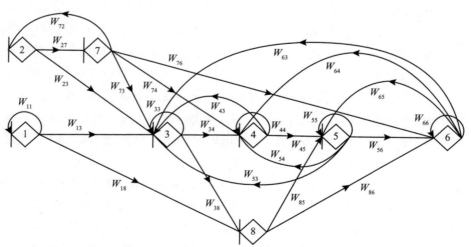

图 2-3　2005 年中国国民经济系统价值流动 GERT 网络结构

资料来源：笔者自制。

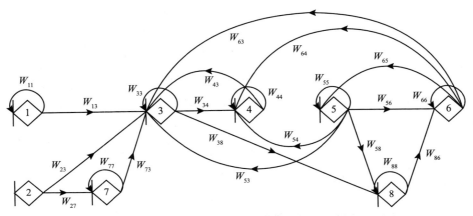

图 2－4　2007 年中国国民经济系统价值流动 GERT 网络结构

资料来源：笔者自制。

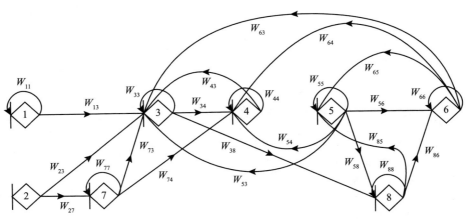

图 2－5　2010 年中国国民经济系统价值流动 GERT 网络结构

资料来源：笔者自制。

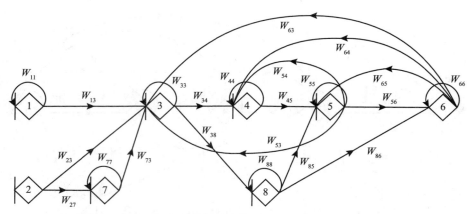

图 2 - 6　2012 年中国国民经济系统价值流动 GERT 网络结构

资料来源：笔者自制。

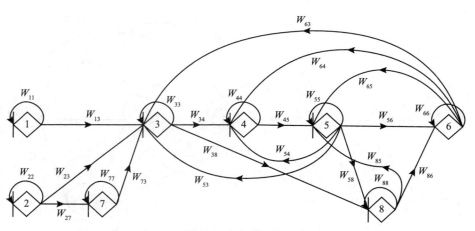

图 2 - 7　2015 年中国国民经济系统价值流动 GERT 网络结构

资料来源：笔者自制。

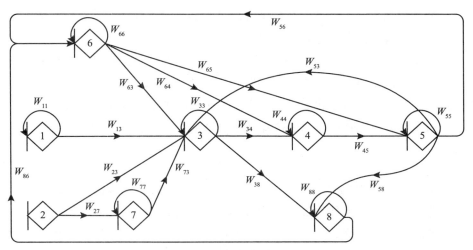

图 2 - 8　2017 年中国国民经济系统价值流动 GERT 网络结构

资料来源：笔者自制。

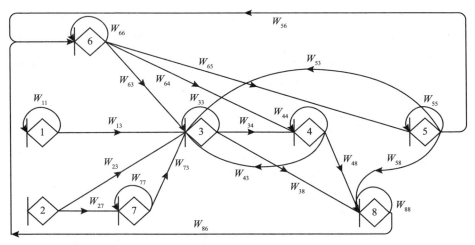

图 2 - 9　2018 年中国国民经济系统价值流动 GERT 网络结构

资料来源：笔者自制。

（三）中国高端装备制造业服务化水平测度

依据国民经济系统价值流动 GERT 模型，国民经济系统价值流动过程中，考量增加值流动而非中间品流动，以规避传统测度方法下服务化水平的准确性缺陷；计算产业间价值流动量、价值流动衍生的价值增值量以及价值流动的转移频次，以规避传统测度方法下服务化水平的动态性缺陷。综上所述，高端装备制造业服务化水平指标定义如下。

定义 1：高端装备制造业投入服务化水平为生产性服务业流向高端装备制造业的价值增值乘数与价值平均转移次数之比，如式（2－17）所示。高端装备制造业投入服务化的经济含义为每单位增加值投入由生产性服务业单次流向高端装备制造业带来的高端装备制造业价值增值的变动情况。

$$Servitization\_input = \frac{N_{54}}{T_{54}} \qquad (2-17)$$

定义 2：高端装备制造业产出服务化水平为高端装备制造业流向生产性服务业的价值增值乘数与价值平均转移次数之比，如式（2－18）所示。高端装备制造业产出服务化的经济含义为每单位增加值投入由装备服务业单次流向生产性制造业带来的生产性服务业价值增值的变动情况。

$$Servitization\_output = \frac{N_{45}}{T_{45}} \qquad (2-18)$$

以 2018 年为例，根据投入产出表相应的资料整理计算，得到各节点的概率分配矩阵为 P_{2018}，如式（2－19）所示。因国民经济系统中所有节点代表的产业间均存在价值流动现象，为简化模型故参考俞斌的研究成果，将各年各结点的概率不足 0.1 等价于 0 处理。

$$P_{2018} = \begin{array}{c} \\ 1 \\ 2 \\ 3 \\ 4 \\ 5 \\ 6 \\ 7 \\ 8 \end{array} \begin{array}{cccccccc} 1 & 2 & 3 & 4 & 5 & 6 & 7 & 8 \\ \begin{bmatrix} 0.14 & 0 & 0.74 & 0 & 0 & 0 & 0 & 0 \\ 0 & 0 & 0.74 & 0 & 0 & 0 & 0.15 & 0 \\ 0 & 0 & 0.46 & 0.15 & 0 & 0 & 0 & 0.18 \\ 0 & 0 & 0.38 & 0.25 & 0 & 0 & 0 & 0.16 \\ 0 & 0 & 0.15 & 0 & 0.34 & 0.22 & 0 & 0.14 \\ 0 & 0 & 0.2 & 0.14 & 0.27 & 0.26 & 0 & 0 \\ 0 & 0 & 0.3 & 0.1 & 0 & 0 & 0.32 & 0 \\ 0 & 0 & 0 & 0 & 0 & 0.2 & 0 & 0.7 \end{bmatrix} \end{array}$$

$$(2-19)$$

由投入产出可知在产业间的价值流动过程中，流通的价值由生产成本（CL）、劳动者报酬（NTP）、生产税净额（DFA）、营业盈余（OS）四项组成，该四项参量均符合正态分布，整理得到各参量的分布情况（如表 2－26 所示），则价值增值量为该四项数据的累加和，如式（2－20）所示。

$V_{2018}(CL, NTP, DFA, OS)$

$$= \begin{array}{c} CL \\ NTP \\ DFA \\ OS \end{array} \begin{bmatrix} 1.642 & 0.376 & 0.108 & 0.119 & 0.433 & 0.794 & 0.143 & 0.208 \\ -0.092 & 0.378 & 0.061 & 0.039 & 0.050 & 0.120 & 0.060 & 0.046 \\ 0.057 & 0.202 & 0.044 & 0.035 & 0.176 & 0.197 & 0.189 & 0.014 \\ 0.030 & 0.222 & 0.099 & 0.086 & 0.174 & 0.397 & 0.071 & 0.053 \end{bmatrix}$$

$$(2-20)$$

表2-26　　2018年价值流动GERT网络各价值活动传递参量分布情况

活动	概率	CL		NTP		DFA		OS	
W_{ij}	P_{ij}	均值	方差	均值	方差	均值	方差	均值	方差
W_{11}	0.14	1.6416	0.1642	-0.0924	0.0092	0.0572	0.0057	0.0301	0.0030
W_{13}	0.74	0.1077	0.0108	0.0608	0.0061	0.0444	0.0044	0.0992	0.0099
W_{23}	0.74	0.1077	0.0108	0.0608	0.0061	0.0444	0.0044	0.0992	0.0099
W_{27}	0.15	0.1429	0.0143	0.0600	0.0060	0.1893	0.0189	0.0713	0.0071
W_{33}	0.46	0.1077	0.0108	0.0608	0.0061	0.0444	0.0044	0.0992	0.0099
W_{34}	0.15	0.1187	0.0119	0.0390	0.0039	0.0348	0.0035	0.0857	0.0086
W_{38}	0.18	0.2081	0.0208	0.0461	0.0046	0.0136	0.0014	0.0531	0.0053
W_{43}	0.38	0.1077	0.0108	0.0608	0.0061	0.0444	0.0044	0.0992	0.0099
W_{44}	0.25	0.1187	0.0119	0.0390	0.0039	0.0348	0.0035	0.0857	0.0086
W_{48}	0.16	0.2081	0.0208	0.0461	0.0046	0.0136	0.0014	0.0531	0.0053
W_{53}	0.15	0.1077	0.0108	0.0608	0.0061	0.0444	0.0044	0.0992	0.0099
W_{55}	0.34	0.4333	0.0433	0.0497	0.0050	0.1757	0.0176	0.1742	0.0174
W_{56}	0.22	0.7941	0.0794	0.1199	0.0120	0.1968	0.0197	0.3966	0.0397
W_{58}	0.14	0.2081	0.0208	0.0461	0.0046	0.0136	0.0014	0.0531	0.0053
W_{63}	0.20	0.1077	0.0108	0.0608	0.0061	0.0444	0.0044	0.0992	0.0099
W_{64}	0.14	0.1187	0.0119	0.0390	0.0039	0.0348	0.0035	0.0857	0.0086
W_{65}	0.27	0.4333	0.0433	0.0497	0.0050	0.1757	0.0176	0.1742	0.0174
W_{66}	0.26	0.7941	0.0794	0.1199	0.0120	0.1968	0.0197	0.3966	0.0397
W_{73}	0.30	0.1077	0.0108	0.0608	0.0061	0.0444	0.0044	0.0992	0.0099
W_{74}	0.10	0.1187	0.0119	0.0390	0.0039	0.0348	0.0035	0.0857	0.0086
W_{77}	0.32	0.1429	0.0143	0.0600	0.0060	0.1893	0.0189	0.0713	0.0071
W_{86}	0.20	0.7941	0.0794	0.1199	0.0120	0.1968	0.0197	0.3966	0.0397
W_{88}	0.70	0.2081	0.0208	0.0461	0.0046	0.0136	0.0014	0.0531	0.0053

数据来源：stata统计输出。

求解这个问题的方法在于分析网络的拓扑结构，以往文献大多利用梅森公式分析结构求解节点间的等价传递函数，然而国民经济系统价值流动 GERT 网络内的节点关系复杂，依靠梅森公式极易出现漏判、错判的现象且计算量巨大，故结合图论思想利用矩阵表示法对图中的网络结构进行表征和求解。将价值流动 GERT 网络模型转换成矩阵式 A_s，其中 A_s 中元素 a_{ji} 表示节点 i 到节点 j 的价值传递函数 W_{ij}，以 2018 年数据为例，价值流动 GERT 网络模型转换成矩阵式 A_{2018}，如式（2 – 21）所示。

$$A_{2018} = \begin{bmatrix} W_{11} & 0 & 0 & 0 & 0 & 0 & 0 & 0 \\ 0 & 0 & 0 & 0 & 0 & 0 & 0 & 0 \\ W_{13} & W_{23} & W_{33} & W_{43} & W_{53} & W_{63} & W_{73} & 0 \\ 0 & 0 & W_{34} & W_{44} & 0 & W_{64} & W_{74} & 0 \\ 0 & 0 & 0 & 0 & W_{55} & W_{65} & 0 & 0 \\ 0 & 0 & 0 & 0 & W_{56} & W_{66} & 0 & W_{86} \\ 0 & W_{27} & 0 & 0 & 0 & 0 & W_{77} & 0 \\ 0 & 0 & W_{38} & W_{48} & W_{58} & 0 & 0 & W_{88} \end{bmatrix} \quad (2 - 21)$$

因目标是求解节点间的等价传递函数，故只需判定排除其他节点影响后节点 i 到节点 j 的传递关系，而价值流动 GERT 网络矩阵表达式往往存在自环现象，即节点 k 到节点 k 之间也存在着价值传递关系，在消除非关注节点的过程中为确保价值流动增益数据不缺失，提出矩阵表达式消除自环方法如式（2 – 22）所示，消除无关节点方法如式（2 – 23）所示。

$$A_s \xrightarrow{\text{消自环}} \begin{cases} a_{ji}' = \dfrac{a_{ij}}{1 - a_{ii}}, & k = 1, 2, \cdots, n, \ k \neq n \\ a_{ii} = 0, & k = n \end{cases} \quad (2 - 22)$$

$$A_s \xrightarrow{\text{消节点 } k} \begin{cases} a_{ji}' = a_{jk} a_{ki} + a_{ji} \\ \text{消除节点 } k \text{ 所在行和列} \end{cases} \quad (2 - 23)$$

考虑到在国民经济系统中，各节点间均存在不同程度的联系，即该模型中所有节点均为起点和终点，故针对 GERT 网络模型的矩阵式 A_s 开展消除自环、依次逐个消除非相关节点，最终求得仅含节点 4 和节点 5 间等价传递函数 W_{ij} 的矩阵 A_s，如式（2 – 24）所示。

$$A_s = \begin{bmatrix} 0 & A_{12} \\ A_{21} & 0 \end{bmatrix} \quad (2 - 24)$$

其中，A_{12} 和 A_{21} 计算如式（2 – 25）和式（2 – 26）所示。

$$A_{12} = \frac{\begin{bmatrix} W_{38}W_{86}W_{64} + W_{34}(1-W_{88})(1-W_{66}) \end{bmatrix}\begin{bmatrix} W_{58}W_{86}W_{63} + W_{56}W_{63}(1-W_{88}) + W_{53}(1-W_{88})(1-W_{66}) \end{bmatrix} \\ + \begin{bmatrix} W_{58}W_{86}W_{64} + W_{56}W_{64}(1-W_{88}) \end{bmatrix}\begin{bmatrix} (1-W_{88})(1-W_{66})(1-W_{33}) - W_{38}W_{86}W_{63} \end{bmatrix}}{\begin{bmatrix} (1-W_{88})(1-W_{66})(1-W_{44}) - W_{48}W_{86}W_{64} \end{bmatrix}\begin{bmatrix} (1-W_{88})(1-W_{66})(1-W_{33}) - W_{38}W_{86}W_{63} \end{bmatrix} \\ - \begin{bmatrix} W_{38}W_{86}W_{64} + W_{34}(1-W_{88})(1-W_{66}) \end{bmatrix}\begin{bmatrix} W_{48}W_{86}W_{63} + W_{43}(1-W_{88})(1-W_{66}) \end{bmatrix}}$$

$$(2-25)$$

$$A_{21} = \frac{W_{38}W_{86}W_{65}\begin{bmatrix} W_{48}W_{86}W_{63} + W_{43}(1-W_{88})(1-W_{66}) \end{bmatrix} + W_{48}W_{86}W_{65}\begin{bmatrix} (1-W_{88})(1-W_{66})(1-W_{33}) - W_{38}W_{86}W_{63} \end{bmatrix}}{\begin{bmatrix} (1-W_{88})(1-W_{66})(1-W_{55}) - W_{58}W_{86}W_{65} - W_{56}W_{65}(1-W_{88}) \end{bmatrix}\begin{bmatrix} (1-W_{88})(1-W_{66})(1-W_{33}) - W_{38}W_{86}W_{63} \end{bmatrix} \\ - W_{38}W_{86}W_{65}\begin{bmatrix} W_{58}W_{86}W_{63} + W_{56}W_{63}(1-W_{88}) + W_{53}(1-W_{88})(1-W_{66}) \end{bmatrix}}$$

$$(2-26)$$

化简得到，在价值流动 GERT 网络中生产性服务业流向高端装备制造业的等价传递函数 W_{54} 计算如式（2-27）所示。

$$W_{54} = \frac{\begin{aligned}&\left[0.0064e^{\frac{1.11s_1+0.245s_2+0.255s_3+0.549s_4}{+0.055s_1^2+0.011s_2^2+0.013s_3^2+0.028s_4^2}} + 0.38e^{\frac{0.108s_1+0.061s_2+0.044s_3+0.099s_4}{+0.005s_1^2+0.003s_2^2+0.002s_3^2+0.005s_4^2}} \right.\\&\left(1-0.7e^{\frac{0.208s_1+0.046s_2+0.014s_3+0.053s_4}{+0.01s_1^2+0.002s_2^2+0.001s_3^2+0.003s_4^2}} \right)\left(1-0.26e^{\frac{0.794s_1+0.12s_2+0.197s_3+0.397s_4}{+0.04s_1^2+0.006s_2^2+0.01s_3^2+0.02s_4^2}} \right) \Big] \\&\times 0.00972e^{\frac{1.435s_1+0.216s_2+0.971s_3+0.624s_4}{+0.072s_1^2+0.011s_2^2+0.02s_3^2+0.032s_4^2}} + 0.00864e^{\frac{1.435s_1+0.216_2+0.387s_3+0.624s_4}{+0.072s_1^2+0.011s_2^2+0.02s_3^2+0.032s_4^2}} \\&\left[\left(1-0.7e^{\frac{0.208s_1+0.046s_2+0.014s_3+0.053s_4}{+0.01s_1^2+0.002s_2^2+0.001s_3^2+0.003s_4^2}} \right)\left(1-0.26e^{\frac{0.794s_1+0.12s_2+0.197s_3+0.397s_4}{+0.04s_1^2+0.006s_2^2+0.01s_3^2+0.02s_4^2}} \right) \right.\\&\left(1-0.46e^{\frac{0.108s_1+0.061s_2+0.044s_3+0.099s_4}{+0.005s_1^2+0.003s_2^2+0.002s_3^2+0.005s_4^2}} \right) - 0.0072e^{\frac{1.11s_1+0.227s_2+0.257s_3+0.549s_4}{+0.055s_1^2+0.011s_2^2+0.013s_3^2+0.028s_4^2}} \Big]\end{aligned}}{\begin{aligned}&\left[\left(1-0.7e^{\frac{0.208s_1+0.046s_2+0.014s_3+0.053s_4}{+0.01s_1^2+0.002s_2^2+0.001s_3^2+0.003s_4^2}} \right)\left(1-0.26e^{\frac{0.794s_1+0.12s_2+0.197s_3+0.397s_4}{+0.04s_1^2+0.006s_2^2+0.01s_3^2+0.02s_4^2}} \right) \right.\\&\left(1-0.34e^{\frac{0.433s_1+0.05s_2+0.176s_3+0.174s_4}{+0.022s_1^2+0.002s_2^2+0.009s_3^2+0.009s_4^2}} \right) - 0.00756e^{\frac{1.435s_1+0.216s_2+0.387s_3+0.624s_4}{+0.072s_1^2+0.011s_2^2+0.02s_3^2+0.032s_4^2}} \\&- 0.0594e^{\frac{1.227s_1+0.17s_2+0.373s_3+0.571s_4}{+0.062s_1^2+0.009s_2^2+0.019s_3^2+0.029s_4^2}}\left(1-0.7e^{\frac{0.208s_1+0.046s_2+0.014s_3+0.053s_4}{+0.01s_1^2+0.002s_2^2+0.001s_3^2+0.003s_4^2}} \right) \Big] \\&\times \left[\left(1-0.7e^{\frac{0.208s_1+0.046s_2+0.014s_3+0.053s_4}{+0.01s_1^2+0.002s_2^2+0.001s_3^2+0.003s_4^2}} \right)\left(1-0.26e^{\frac{0.794s_1+0.12s_2+0.197s_3+0.397s_4}{+0.04s_1^2+0.006s_2^2+0.01s_3^2+0.02s_4^2}} \right) \right.\\&\left(1-0.46e^{\frac{0.108s_1+0.061s_2+0.044s_3+0.099s_4}{+0.005s_1^2+0.003s_2^2+0.002s_3^2+0.005s_4^2}} \right) - 0.0072e^{\frac{1.11s_1+0.227s_2+0.257s_3+0.549s_4}{+0.055s_1^2+0.011s_2^2+0.013s_3^2+0.028s_4^2}} \Big] \\&- 0.00972e^{\frac{1.435s_1+0.216s_2+0.971s_3+0.624s_4}{+0.072s_1^2+0.011s_2^2+0.02s_3^2+0.032s_4^2}}\left[0.0056e^{\frac{1.11s_1+0.227s_2+0.255s_3+0.549s_4}{+0.055s_1^2+0.011s_2^2+0.013s_3^2+0.028s_4^2}} \right.\\&+ 0.044e^{\frac{0.902s_1+0.181s_2+0.241s_3+0.496s_4}{+0.045s_1^2+0.009s_2^2+0.012s_3^2+0.027s_4^2}}\left(1-0.7e^{\frac{0.208s_1+0.046s_2+0.014s_3+0.053s_4}{+0.01s_1^2+0.002s_2^2+0.001s_3^2+0.003s_4^2}} \right) \\&+ 0.15e^{\frac{0.108s_1+0.061s_2+0.044s_3+0.099s_4}{+0.005s_1^2+0.003s_2^2+0.002s_3^2+0.005s_4^2}}\left(1-0.7e^{\frac{0.208s_1+0.046s_2+0.014s_3+0.053s_4}{+0.01s_1^2+0.002s_2^2+0.001s_3^2+0.003s_4^2}} \right) \\&\left(1-0.26e^{\frac{0.794s_1+0.12s_2+0.197s_3+0.397s_4}{+0.04s_1^2+0.006s_2^2+0.01s_3^2+0.02s_4^2}} \right) \Big]\end{aligned}}$$

$$(2-27)$$

化简得到，在价值流动 GERT 网络中高端装备制造业流向生产性服务业的等价传递函数 W_{45} 计算如式（2-28）所示。

$$
W_{45} = \frac{
\begin{aligned}
&\left[0.00504e^{\frac{1.121s_1+0.205s_2+0.246s_3+0.536s_4}{0.056s_1^2+0.01s_2^2+0.013s_3^2+0.027s_4^2}} + 0.15e^{\frac{0.119s_1+0.039s_2+0.035s_3+0.086s_4}{0.006s_1^2+0.002s_2^2+0.002s_3^2+0.004s_4^2}} \right. \\
&\left(1-0.7e^{\frac{0.208s_1+0.046s_2+0.014s_3+0.053s_4}{0.01s_1^2+0.002s_2^2+0.001s_3^2+0.003s_4^2}} \right)\left(1-0.26e^{\frac{0.794s_1+0.12s_2+0.197s_3+0.397s_4}{0.04s_1^2+0.006s_2^2+0.01s_3^2+0.02s_4^2}} \right) \Big] \\
&\times \left[0.0056e^{\frac{1.11s_1+0.227s_2+0.255s_3+0.549s_4}{0.055s_1^2+0.011s_2^2+0.013s_3^2+0.028s_4^2}} + 0.044e^{\frac{0.902s_1+0.181s_2+0.241s_3+0.496s_4}{0.045s_1^2+0.009s_2^2+0.012s_3^2+0.027s_4^2}} \right. \\
&\left(1-0.7e^{\frac{0.208s_1+0.046s_2+0.014s_3+0.053s_4}{0.01s_1^2+0.002s_2^2+0.001s_3^2+0.003s_4^2}} \right) + 0.15e^{\frac{0.108s_1+0.061s_2+0.044s_3+0.099s_4}{0.005s_1^2+0.003s_2^2+0.002s_3^2+0.005s_4^2}} \\
&\left(1-0.7e^{\frac{0.208s_1+0.046s_2+0.014s_3+0.053s_4}{0.01s_1^2+0.002s_2^2+0.001s_3^2+0.003s_4^2}} \right)\left(1-0.26e^{\frac{0.794s_1+0.12s_2+0.197s_3+0.397s_4}{0.04s_1^2+0.006s_2^2+0.01s_3^2+0.02s_4^2}} \right) \Big] \\
&+ \left[0.00392e^{\frac{1.121s_1+0.205s_2+0.246s_3+0.536s_4}{0.056s_1^2+0.01s_2^2+0.013s_3^2+0.027s_4^2}} + 0.0308e^{\frac{0.913s_1+0.159s_2+0.232s_3+0.483s_4}{0.046s_1^2+0.008s_2^2+0.012s_3^2+0.024s_4^2}} \right. \\
&\left(1-0.7e^{\frac{0.208s_1+0.046s_2+0.014s_3+0.053s_4}{0.01s_1^2+0.002s_2^2+0.001s_3^2+0.003s_4^2}} \right) \Big] \times \Big[\left(1-0.7e^{\frac{0.208s_1+0.046s_2+0.014s_3+0.053s_4}{0.01s_1^2+0.002s_2^2+0.001s_3^2+0.003s_4^2}} \right) \\
&\left(1-0.26e^{\frac{0.794s_1+0.12s_2+0.197s_3+0.397s_4}{0.04s_1^2+0.006s_2^2+0.01s_3^2+0.02s_4^2}} \right)\left(1-0.46e^{\frac{0.108s_1+0.061s_2+0.044s_3+0.099s_4}{0.005s_1^2+0.003s_2^2+0.002s_3^2+0.005s_4^2}} \right) \\
&-0.072e^{\frac{1.11s_1+0.227s_2+0.255s_3+0.549s_4}{0.055s_1^2+0.011s_2^2+0.013s_3^2+0.028s_4^2}} \Big]
\end{aligned}
}{
\begin{aligned}
&\left[\left(1-0.7e^{\frac{0.208s_1+0.046s_2+0.014s_3+0.053s_4}{0.01s_1^2+0.002s_2^2+0.001s_3^2+0.003s_4^2}} \right)\left(1-0.26e^{\frac{0.794s_1+0.12s_2+0.197s_3+0.397s_4}{0.04s_1^2+0.006s_2^2+0.01s_3^2+0.02s_4^2}} \right) \right. \\
&\left(1-0.25e^{\frac{0.119s_1+0.039s_2+0.035s_3+0.086s_4}{0.006s_1^2+0.002s_2^2+0.002s_3^2+0.004s_4^2}} \right) - 0.00448e^{\frac{1.121s_1+0.205s_2+0.246s_3+0.536s_4}{0.056s_1^2+0.01s_2^2+0.013s_3^2+0.027s_4^2}} \Big] \\
&\times \left[\left(1-0.7e^{\frac{0.208s_1+0.046s_2+0.014s_3+0.053s_4}{0.01s_1^2+0.002s_2^2+0.001s_3^2+0.003s_4^2}} \right)\left(1-0.26e^{\frac{0.794s_1+0.12s_2+0.197s_3+0.397s_4}{0.04s_1^2+0.006s_2^2+0.01s_3^2+0.02s_4^2}} \right) \right. \\
&\left(1-0.46e^{\frac{0.108s_1+0.061s_2+0.044s_3+0.099s_4}{0.005s_1^2+0.003s_2^2+0.002s_3^2+0.005s_4^2}} \right) - 0.0072e^{\frac{1.11s_1+0.227s_2+0.255s_3+0.549s_4}{0.055s_1^2+0.011s_2^2+0.013s_3^2+0.028s_4^2}} \Big] \\
&- \left[0.00504e^{\frac{1.121s_1+0.205s_2+0.246s_3+0.536s_4}{0.056s_1^2+0.01s_2^2+0.013s_3^2+0.027s_4^2}} + 0.15e^{\frac{0.119s_1+0.039s_2+0.035s_3+0.086s_4}{0.006s_1^2+0.002s_2^2+0.002s_3^2+0.004s_4^2}} \right. \\
&\left(1-0.7e^{\frac{0.208s_1+0.046s_2+0.014s_3+0.053s_4}{0.01s_1^2+0.002s_2^2+0.001s_3^2+0.003s_4^2}} \right)\left(1-0.26e^{\frac{0.794s_1+0.12s_2+0.197s_3+0.397s_4}{0.04s_1^2+0.006s_2^2+0.01s_3^2+0.02s_4^2}} \right) \Big] \\
&\times \left[0.0064e^{\frac{1.11s_1+0.227s_2+0.255s_3+0.549s_4}{0.055s_1^2+0.011s_2^2+0.013s_3^2+0.028s_4^2}} + 0.38e^{\frac{0.108s_1+0.061s_2+0.044s_3+0.099s_4}{0.005s_1^2+0.003s_2^2+0.002s_3^2+0.005s_4^2}} \right. \\
&\left(1-0.7e^{\frac{0.208s_1+0.046s_2+0.014s_3+0.053s_4}{0.01s_1^2+0.002s_2^2+0.001s_3^2+0.003s_4^2}} \right)\left(1-0.26e^{\frac{0.794s_1+0.12s_2+0.197s_3+0.397s_4}{0.04s_1^2+0.006s_2^2+0.01s_3^2+0.02s_4^2}} \right) \Big]
\end{aligned}
}
$$

$$(2-28)$$

2002～2018 年生产性服务业与高端装备制造业之间价值流动测度项目计算结果整理如表 2 - 27、表 2 - 28 所示。

表 2 - 27　　价值流动相关测度结果（生产性服务业流向高端装备制造业）

测度项目 ＼ 年份	2002	2005	2007	2010	2012	2015	2017	2018
等价传递概率	0.3955	0.2122	0.0074	0.0157	0.1515	0.2264	0.2228	0.2703
平均价值增值量	0.8973	0.2858	0.0331	0.0542	0.1790	0.4281	0.4907	3.4557
劳动者报酬平均增值量	0.3705	0.0943	0.0123	0.0243	0.0762	0.2030	0.2628	1.8307
生产税净额平均增值量	0.1073	0.0303	0.0042	0.0075	0.0160	0.0353	0.0371	0.3401
固定资产折旧平均增值量	0.1722	0.0517	0.0051	0.0077	0.0243	0.0546	0.0762	0.5062
营业盈余平均增值量	0.2473	0.1095	0.0115	0.0147	0.0625	0.1352	0.1146	0.7787
价值增值乘数	3.2688	2.3468	5.4730	4.4522	2.1815	2.8909	3.2024	13.6908
价值转移次数	3.0958	1.8739	6.6913	6.9098	1.4758	2.3691	2.6475	4.1486
高端装备制造业投入服务化水平	1.0559	1.2524	0.8179	0.6443	1.4782	1.2203	1.2096	3.3001

数据来源：笔者计算并整理。

以 2018 年为例，由生产性服务业流入高端装备制造业的增加值投入总量中有 27.03% 在高端装备制造业中得到价值增值产出，价值流动导致的价值增值的平均增值量为 3.4557，两个产业间的价值转移次数为 4.1486 次，价值增值乘数达 13.6908。将 2002～2018 年的数据进行纵向比较，可以看出由生产性服务业流向高端装备制造业的平均价值增量从 2002 年的 0.8973 下跌至 2005 年的 0.2858，直至 2018 年重回 3.4557。两个产业间的价值转移次数呈波动变化，其中最小值为 2012 年的 1.4758 次，最大值为 2010 年的 6.9098 次。高端装备制造业的投入服务化水平在 2010 年最低为 0.6443，2018 年最高为 3.3001。

表2-28   价值流动相关测度结果（高端装备制造业流向生产性服务业）

测度项目 \ 年份	2002	2005	2007	2010	2012	2015	2017	2018
等价传递概率	0.8316	0.8328	1.1389	1.1879	0.8545	0.7545	0.3996	0.1372
平均价值增值量	1.9672	1.2222	2.2216	2.2047	1.0500	1.1818	1.1857	0.3856
劳动者报酬平均增值	0.8921	0.4525	0.8064	0.9529	0.4719	0.5715	0.5761	0.1848
生产税净额平均增值量	0.3696	0.193	0.3829	0.3621	0.1648	0.1709	0.1583	0.0493
固定资产折旧平均增值量	0.3044	0.1813	0.2955	0.3049	0.1426	0.1594	0.1318	0.0467
营业盈余平均增值量	0.4011	0.3954	0.7368	0.5848	0.2707	0.2800	0.3195	0.1048
价值增值乘数	3.3656	2.4676	2.9507	2.8560	2.2288	2.5663	3.9672	3.8105
价值转移次数	4.6126	3.9337	5.2333	2.6692	3.5757	4.0504	5.9965	3.9222
高端装备制造业产出服务化水平	0.7296	0.6273	0.5638	1.0700	0.6233	0.6336	0.6616	0.9715

数据来源：笔者计算并整理。

以2018年为例，由高端装备制造业流入生产性服务业的增加值投入总量中有13.72%在生产性服务业中得到价值增值产出，价值流动导致的价值增值的平均增值量为0.3856，两个产业间的价值转移次数为3.9222次，价值增值乘数达3.8105。将2002～2018年的数据进行纵向比较，可以看出由高端装备制造业流向生产性服务业的平均价值增量从2002年的1.9672上升至2007年的2.2216，又下降至2018年的0.3856。两个产业间的价值转移次数呈波动变化，最小值为2010年的2.6692次，最大值为2017年的5.9965次。高端装备制造业产出服务化水平在2010年达到峰值的1.0700，此后稳定在0.6336左右，2018年升至0.9715。

（四）中国高端装备制造业服务化水平分析

价值由高端装备制造业流向生产性服务业，意味着对高端装备制造业的单位增加值投入会有一定比例在生产性服务业中得到增加值产出，生产性服务业行业的价值增值越来越多地来源于高端装备制造业，两个产业间的价值链重合度和匹配程度变高，该过程就是高端装备制造业产出服务化。价值由生产性服务业流向高端装备制造业，意味着对生产性服务业的单位增加值投入会有一定比例在高端装备制造业中得到增加值产出，生产性服务业在流向高端装备制造业的价值流动过程中，价值增值能力的影响越来越强，装备制造企业的价值增值越来越多地来源于生产性服务业，该过程就是高端装备制造业投入服务化。

进一步从四个角度分析。

1. 价值增值情况分析

从表 2 - 28 的各项指标计算结果来看，在高端装备制造业流向生产性服务业的价值流动环节中，生产性服务业的价值增值呈波动下降趋势（如图 2 - 10 所示），即生产性服务业的增值对高端装备制造业的依赖程度整体呈下降趋势。

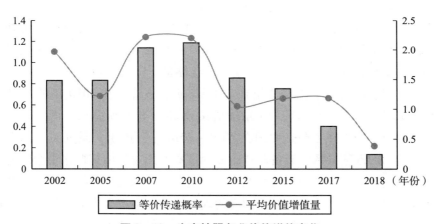

图 2 - 10　生产性服务业价值增值变化

资料来源：笔者自制。

从表 2 - 28 的各项指标计算结果来看，在生产性服务业流向高端装备制造业的价值流动环节中，高端装备制造业的价值增值呈 "U" 型发展趋势（如图 2 - 11 所示），这表明在中国国民经济系统中，高端装备制造业的增值对生产性服务业的依赖程度经历了 "先下降后上升" 的发展过程。

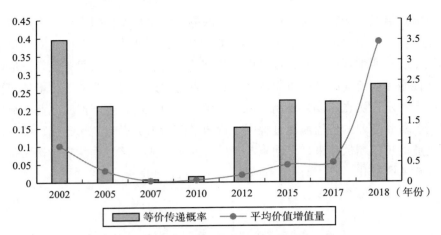

图 2 - 11 高端装备制造业价值增值变化

资料来源：笔者自制。

2. 增加值结构分析

中国国民经济系统中价值流动导致的增加值结构变化的实质就是经济部门之间的利润分配比例发生了变化。在高端装备制造业流向生产性服务业的价值流动环节导致的生产性服务业增加值产出结构中，四项参量的平均增值量均出现明显波动（如图 2 - 12 所示），整体呈下降趋势。在整个增加值结构中，固定资产折旧平均增值量在 2010 年明显下降，从 2010 年的 0.3049 降至 2012 年的 0.1426，2017 年增加值又较 2015 年有所降低。固定资产折旧平均增值量的下降主要是中国在 2009～2014 年开始了一系列关于固定资产加速折旧的政策导致。装备制造企业固定资产加速折旧短期来说会缩短企业投资周期、改善企业现金流情况、加快企业设备的更新并拉动固定资产投资需求，但一般会产生延后企业利润的现象，因而生产税净额平均增值量也有相似的波动趋势。随着执行固定资产加速折旧优惠政策的行业范围在制造业领域的逐步扩大，固定资产折旧平均增值量、生产税净额平均增值量预计将继续保持下降趋势。

在生产性服务业流向高端装备制造业的价值流动环节导致的高端装备制造业增加值中，四项参量的平均增值量呈"U"型发展趋势（如图 2 - 13 所示），即生产性服务业对高端装备制造业的劳动者报酬、生产税净额、固定资产折旧及营业盈余四个方面的增值能力的影响程度经历了"先下降后上升"的发展过程，可能的原因在于 2007 年以前中国生产性服务业整体的发展程度滞后于高端装备制造业的发展程度，自 2007 年后生产性服务业发展进步显著并对高端装备制造业产生积极影响。在整个增加值结构中，分配到居民部门的劳动者报酬的平均增值量上升最为显著，可能的原因在于生产性服务业的发展产生了显著的竞争优势并积累了大量的优质人力和技术，劳动者报酬的累积效应持续上升。

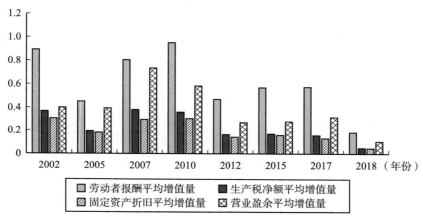

图 2－12　高端装备制造业流向生产性服务业价值流动增加值分布情况

资料来源：笔者自制。

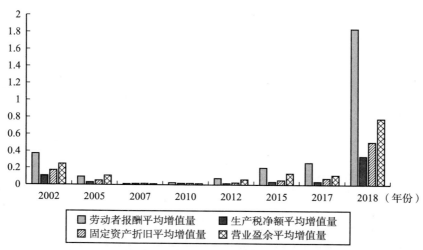

图 2－13　生产性服务业流向装备制造业价值流动增加值分布情况

资料来源：笔者自制。

3. 价值增值乘数和价值转移次数情况分析

从价值增值乘数的角度来看（如图2－14所示），"高端装备制造业流向生产性服务业"与"生产性服务业流向高端装备制造业"的价值增值乘数在2002～2005年差别不大，2005～2012年后者明显更优，2012年以后二者均有上涨但差距不大。从价值转移次数的角度来看（如图2－15所示），"高端装备制造业流向生产性服务业"与"生产性服务业流向高端装备制造业"的价值转移次数在2002～2005年前者更优，2007～2010年后者更优，2012年以后二者均保持上涨的势头，且前者优于后者。

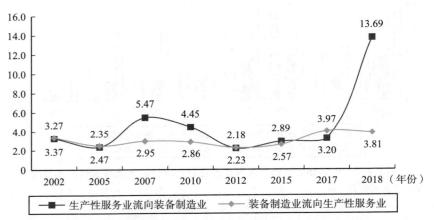

图2－14　历年生产性服务业与高端装备制造业间价值增值乘数分布

资料来源：笔者自制。

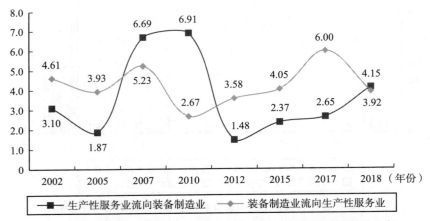

图2－15　历年生产性服务业与高端装备制造业间价值转移次数分布

资料来源：笔者自制。

总体来说，2002～2018 年，"高端装备制造业流向生产性服务业"的价值增值乘数、价值转移次数整体呈下降趋势但自 2012 年起有上升势头，说明生产性服务业的增值对高端装备制造业部门的依赖程度整体不高但 2012 年后有上升趋势；"生产性服务业流向高端装备制造业"的价值增值乘数、价值转移次数整体呈倒"U"型发展趋势，说明中国高端装备制造业的增值对生产性服务业的依赖程度经历了先上升后下降的阶段，但 2012 年后依赖程度保持着一定程度的上涨。

　　4. 中国高端装备制造业服务化水平分析

　　从中国高端装备制造业服务化水平的结果来看（如图 2 - 16 所示），2002～2018 年，我国"高端装备制造业投入服务化"水平整体大于"高端装备制造业产出服务化"水平，"高端装备制造业投入服务化"整体存在轻微提升的趋势，"高端装备制造业产出服务化"存在轻微下降的趋势。但"高端装备制造业产出服务化"自 2012 年后呈不断上升的发展趋势，这表明高端装备制造业的中间投入在生产性服务业的价值增值上体现得越来越多，生产性服务企业越来越受高端装备制造业的实物产品的研发、生产等活动影响并成为生产性服务业行业重要的价值增值来源，这与白清、尹洪涛等学者的研究结论一致。

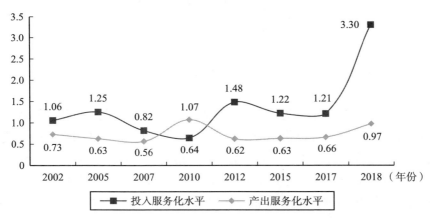

图 2 - 16　历年中国高端装备制造业服务化水平比较

资料来源：笔者自制。

第三章　价值共创视角下中国高端装备制造业服务化机理与模式总体设计

本章对相关概念进行界定，对价值共创视角下中国高端装备制造业服务化系统的要素、结构、目标和功能进行分析，将服务化系统的要素作为访谈对象，通过扎根理论探究价值共创视角下中国高端装备制造业服务化机理，找出影响服务化系统状态演变的序参量，作为服务化模式设计的依据，进行服务化模式的总体设计。

第一节　相关概念内涵

一、价值共创

价值共创是指以个体为中心，由消费者与企业共同创造价值的过程。早期物产不足，市场上商品供不应求，消费者没有挑选的"自由"，被迫接受"有限"的物品。当时企业的生产逻辑是依据现有物资进行生产，即"我有什么，我生产什么"。因此在当时市场以企业为核心，市场商品转移逻辑以生产为主导，价值被认为是由企业提供和赋予的。有些商品作为价值的载体，将价值传递给消费者；有些商品本身便是价值所在，供消费者直接使用，消费者仅作为市场的被动参与者。然而随着社会的不断发展进步，物质资源日趋丰满，供需关系的变革导致市场核心和商品转移逻辑发生转变，市场以消费者为核心，商品转移逻辑由原来的生产主导转变为需求主导，企业的生产逻辑也随之发生变化，由原来的依据物资生产转变为依据需求生产，即"市场需要什么，我生产什么"。

即便市场核心和商品转移逻辑发生转变，但商品的成型依然绕不开企业，毕竟商品是由企业完成生产的。那么既然做不到将商品剥离，而商品的生产又以消费者需求为导向，于是学者和企业家们提出了新的观点——让消费者也参与到商品生产过程中。消费者可以通过直接或间接的方式参与到企业生产过程中。间接参与，即消费者向企业表达自己的产品诉求，然后企业根据消费者的诉求设计和生产产品，消费者的需求意识贯穿产品生产的各环节；直接参与，即消费者直接参与到产品的生产制作中，由企业提供原料或场地，由消费者亲自动手制作完成。此时产品的价值便不再由企业赋予和提供，消费者也不再被动作为价值的接受者和使用者，而是通过参与部分或全部生产环节，和企业共同为产品赋予价值，这便是价值共创。

学术界对于市场核心和商品转移逻辑下的价值创造研究，最终得出三个发展历程，具体如图 3 - 1 所示。

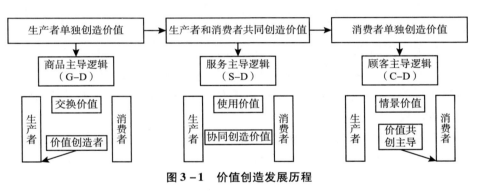

图 3 - 1　价值创造发展历程

资料来源：笔者自制。

二、高端装备制造业

高端装备制造业又称先进装备制造业，是指生产制造高技术、高附加值的先进工业设施设备的行业。高端装备主要包括传统产业转型升级和战略性新兴产业发展所需的高技术、高附加值装备，是战略性新兴产业分类的一个子类，有明确的分类标准。《国务院关于加快培育和发展战略性新兴产业的决定》颁布后，为准确反映国家战略性新兴产业的发展规划情况，满足统计上测算战略性新兴产业发展规模、结构和速度的需要，将战略性新兴产业分为新一代信息技术产业、高端装备制造业、新材料产业、生物产业、新能源汽车产业、新能源产业、节能环保产业、数字创意产业、相关服务业等9大领域。高端装备制造业的产品生产需要各类顶尖前沿科学技术的支持，由此生产的产品具有极高的价值和附加值。目前学术界对高端装备制造业还没有形成一个统一的定义，查阅有关高端装备制造业的资料，"高端"主要体现在以下六个方面。

第一，技术含量高，高端装备制造业的生产制造以高新技术为引领，需要多领域高精尖技术合作，复杂是它最基本的特征。与低端装备制造业的不同之处在于，低端装备制造业多为劳动密集或资本密集型，而高端装备制造业则倾向于知识密集型和技术密集型。

第二，处于价值链高端，高端装备制造业产品将尖端科技、研发智慧和品牌塑造等一系列价值凝结于自身，因此具有极高的价值和附加值。

第三，处于产业链核心地位，它的发展可以带动整个制造业行业的发展进步，对制造业的发展具有引领和推动作用。

第四，工艺效率高。低端装备制造多以传统工艺为主，效率低下，而高端装备则依靠新兴工艺，效率更高。

第五，附加值较高，行业就业率较高，且利于能源的节约。

第六，关乎国家综合实力及经济安全。高端装备制造业的发展水平一定程度上反映了国家在工艺、科学技术等方面的综合能力，是国家经济、技术实力的重要体现。

高端装备制造业属于装备制造业，同时是七大战略性新兴产业中的一个，与高新技术产业和高技术产业存在部分交叉，具体关系如图3-2所示。

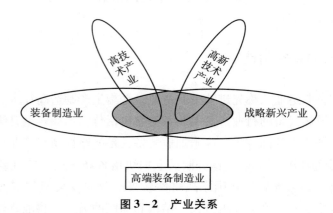

图3-2　产业关系

资料来源：笔者自制。

三、高端装备制造业服务化

高端装备制造业服务化是指企业通过与生产性服务业融合等方式，制造重心向服务方面转移，从而形成新的核心竞争优势，获得更大收益的一次企业变革。主要是改变企业原有的经营模式，不再单一地生产、销售，而是在企业经营的各环节加入服务要素，将价值创造方式和重心转移。价值创造的方式不再仅依靠生产，而是通过增加服务产生新的价值，同时价值创造的重心也由生产向服务转移，实现价值创造的多元化。高端装备制造业服务化转型升级和传统的产品为主、服务为辅的模式不同，升级后同样保持"产品＋服务"的模式，但这里的"＋"不仅是简单的叠加组合，而是相互交融，产品和服务不分离，达到产品即服务的程度。

价值共创视角下的高端装备制造业服务化是一个动态的进程。第一，要重视消费者的体验，探索消费者的消费情境，分析消费者的消费习惯和消费心理；第二，产品的研发生产以消费者的需求和消费体验为出发点，对产品进行特殊设计，同时增加产品的附加价值，形成产品服务包；第三，在销售过程中，选取客户喜欢的方式，提供多角度服务。

高端装备制造业服务化同制造业服务化相同，也分为投入服务化和产出服务化。投入服务化的本质是提高内部运转效率和资源利用率，产出服务化的本质是通过对产品进行服务包装，从而获取更大收益。高端装备制造业的服务化可以分为三个阶段，具体如图3-3所示。

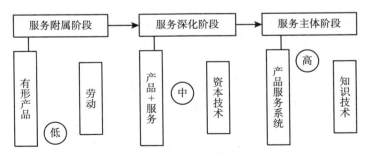

图3-3　高端装备制造业服务化发展阶段

资料来源：笔者根据相关文献整理。

四、高端装备制造业服务化模式

服务化模式和商业模式不同，没有固定的要素模块和范式逻辑，因此目前学术界还未形成统一的服务化模式概念。作为一种企业模式，服务化模式与商业模式在本质上存在一定程度上的相似，因此可以借助商业模式的概念给服务化模式定义，即指企业在考虑所要服务的目标对象特征的前提下，结合自身的各类资源与目标群体共同完成对产品以及各环节的专业设计，然后通过一定方式将特殊的产品传递给目标对象。在此过程中，高端装备制造业企业从所进行的不断重复的服务化行为中抽象出具有指导意义的高度总结：服务化模式是进行服务化的高端装备制造业企业在对目标群体考察后，加上实践总结最后形成的有效合理的服务化战略，具有一般性、结构性、稳定性和可操作性等特点。

第二节　价值共创视角下中国高端装备制造业服务化系统分析

一、高端装备制造业服务化系统要素分析

高端装备制造业的服务化以及演化发展不是企业一方就能完成的事情，需要多方合作才能完成。为了共同实现高端装备制造业的服务化转型发展，提升高端装备制造业的服务化水平，各主体充分发挥功能优势，在此过程中各方有机结合所形成的整体就叫高端装备制造业服务化系统。

价值共创视角下的中国高端装备制造业服务化系统是一个开放的、无序的系统，除了高端装备制造业和高端装备制造业用户企业（以下简称用户企业）外，其他组成要素之间无序且可随意进出，功能相似的要素之间还具有可替代性，但在特殊连接点上的组成要素则具有不可缺性。本书将价值共创视角下中国高端装备制造业服务化系统要素分为三类，具体如下。

（一）核心要素

（1）中国高端装备制造业企业。高端装备制造业在价值共创视角下的服务化系统中处于主导地位，其主导性主要源于以下两个方面。一是由于高端装备制造业广泛的产业关联性和显著的溢出效应，在我国国民经济体系中占据重要的战略地位，产业发展长期受益于政策倾斜等因素的支持，产业基础雄厚，可用于价值共创的各类资源的积累较系统中其他主体更为丰富。二是我国高端装备制造业长期处于全球价值链低端，其价值增值能力较生产性服务业差距较大，因此服务化的意愿更为突出和强烈。相对丰富的产业服务化资源与较高的产业服务化意愿的耦合，使得高端装备制造业在服务化系统中处于主导地位。鉴于行业模式研究的复杂性，本书以具体的中国高端装备制造业企业为研究对象，当所有的中国高端装备制造业企业实行服务化时，便会引发整个行业服务化现象的发生。因此中国高端装备制造业企业作为高端装备制造业服务化系统中不可或缺的要素，属于核心要素。

（2）用户企业。基于价值共创视角对中国高端装备制造业服务化模式进行研究，用户企业的参与是必不可少的，因此在整个系统中也处于核心地位。随着市场逻辑的变革，终端消费者的消费需求发生重大变化，在以需求主导的市场逻辑下，企业的整体服务战略也将发生变化。从产业内涵和性质来看，高端装备制造业的产品特征与一般制造业不同，其产品多为高精尖的大型工业设备，造价高昂，因此高端装备制造业的目标客户（用户企业）和一般制造业不同，高端装备制造业的目标客户多为企业。用户需求是高端装备制造业发展的出发点和归宿，无论是来自制造业等中间用户的需求，还是来自终端消费市场或装备制造业自身的需求，都会对服务化系统的发展产生深刻影响。用户对服务化系统的影响不仅体现在需求端，还体现在供给侧。从需求端来看，用户需求端的变化，如个性化和定制化装备需求的增加，特别是"装备＋服务"一体化需求的增加必然会引发高端装备制造业的适应性调整，通过服务化产品的提供满足需求的"装备＋服务"包；从供给侧来看，供给侧结构性改革必然要基于对用户需求及其变化方向的预判和准确把握，才能更好地满足和引导用户需求，因此用户需求还会对包括产业融合在内的供给侧结构性改革产生重要影响。此外看似高端装备制造业不受市场逻辑变革的冲击，但就轨道交通来讲，高端装备制造业企业的用户虽然是企业，但是购买设备的用户却是终端消费者，高端装备制造业企业的用户企业会受到市场逻辑变革的影响，并且会把这种影响传递给高端装备制造业企业，因此无论从哪个角度，用户企业都处于系统的核心地位。

（二）特殊连接点要素

（1）政府。前文从高端装备制造业的内涵分析了其行业性质，可以发现高端装备制造业科技复杂、投入巨大，受政府的调控和支持。如航空装备和卫星装备，国家投入资源大力支持其发展，同时又作为"使用者"，两者联系紧密。因为这些产品尚不具备民用化，所以有较强的特殊性，也由此决定了它与国家的密不可分。首先，高端装备制造业的发展所需要的研发投入巨大，不是一般机构和个人能够承担的，只有国家具备支持能力；其次，国家对该行业管控较其他行业更加严格，高端装备制造业不同于一般制造业，是国家发展的核心和重要支柱，因此国家通过一系列的政策法规引导和管控高端装备制造业的发展方向；最后，国家通过出台各项法规政策，对高端装备制造业发展所必要的政治、科技和文化环境进行改善。从产业层面的视角来看，无论是重政府还是重市场的经济体系，学者们都不否认政府的作用，只是对其发挥作用的方式和程度存在一定的争议。本书认为在价值共创视角下中国高端装备制造业服务化系统中，政府应发挥重要的支撑和保障作用，原因包括以下四点：一是高端装备制造业作为我国国民经济体系中的战略性产业，不仅占用大量的资源，而且其发展直接关系到国计民生，因此应加强宏观调控与管理，目前政府是最合适的管控主体；二是我国市场经济体制不健全，市场的盲目性和滞后性在装备制造业领域表现得尤其明显，造成部分细分行业产能过剩等问题，因此需要政府从宏观层面进行资源配置的合理调控，实现资源市场配置和政府配置双管齐下；三是我国高端装备制造业中部分企业的所有制形式为全民所有制企业或集体所有制企业，即为政府所有，因此政府不可避免地要以各种形式参与到中国高端装备制造业服务化过程中；四是政府作用的发挥会对高端装备制造业服务化环境产生影响，从而影响两大产业的融合。综上所述，政府是价值共创视角下中国高端装备制造业服务化系统的重要构成要素，直接关系到中国高端装备制造业服务化目标的最终实现。

（2）科研组织。高端装备制造业的性质决定了其需要大量的技术投入和科技研发，因此科研组织可以为高端装备制造业的发展提供必要的技术支持。科研组织包括科研机构和科研院校。科研机构是指专门从事科研的研究院或研究所，包括国家建立的和企业建立的；科研院校是指专门从事人才培养的高等院校，两者存在一定差异。因为科研机构专门从事科研任务，所以相较于科研院校往往具备更强的科研能力，但在某些领域，科研院校相较于科研机构则具备更好的优势，因此两者联合才能发挥最大优势。

（三）其他要素

（1）行业协会。行业协会是由行业内自发形成的非官方组织。行业协会的目的一是向政府传达行业诉求，代表企业与政府共同商讨行业的发展方向，制定行业发展战略；二是向企业传达政府对本行业的发展规划，并对老成员的退出、新成员的进入进行一定的约束；三是协调政府与企业之间、企业与企业之间的关系。行业协会的存在是为了保障行业的有序发展。

（2）中介机构。这里的中介机构范围较广，是指除了行业协会之外的其他参与中间环节的各类机构，例如建立企业和科研组织之间联系的机构及建立企业和用户企业之间联系的机构等。这类中介机构可以为各要素之间的沟通提供必要的支持，保证系统内各要素之间形成紧密联系，保证系统内部资源和信息的流通。

二、高端装备制造业服务化系统结构分析

系统结构是指构成系统的各要素为了发挥某一功能去实现某个特定的目标，从而有机结合并相互联系、相互作用的方式和秩序。系统结构具有开放性、相对性和动态性等特征，为了适应变化，会在不同的时间和空间上具有不同的搭配和安排。

时间维度方面。高端装备制造业实行服务化是一个长期的发展战略，因此在较长一段时间内都要开展服务化。起初，高端装备制造业在进行自我服务化时，只是站在企业的角度进行服务化战略的制定及实施，但随着价值共创的普及，高端装备制造业会让用户企业加入其中，从而制定出更符合市场需要的服务化战略和实施过程。随着价值共创的深入，高端装备制造业服务化水平提高，吸引更多主体参与价值共创，从而进一步提升高端装备制造业的服务化水平。由此高端装备制造业的服务化在时间的维度上将会经历一个从无到有、从低到高的过程，高端装备制造业服务化系统在时间维度方面也会表现出由简单到复杂的过程。

空间维度方面。高端装备制造业的发展在不同的地域表现是不相同的，不同区域内其他要素的不同导致高端装备制造业的服务化表现出不同的发展特征。其中表现最为明显的就是科研组织，首先科研院校呈现出不同的地域分布特征，不同地区企业自建科研机构的数目与质量也大不相同，而该要素对高端装备制造业及其服务化的发展起着重要的推动作用，因此不同地域的要素推动力不同，高端装备制造业及其服务化的发展也会呈现出不同的地域分布特征，此外各地政府的政策支持、区域经济发展状况等都会对高端装备制造业服务化发展产生不同程度的影响。

综上所述，中国高端装备制造业服务化系统内的中国高端装备制造业企业、用户企业、政府、科研组织、行业协会、中介机构等各要素在时间和空间维度存在如图3-4所示的关系。

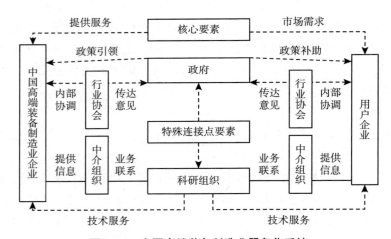

图3-4　中国高端装备制造业服务化系统

资料来源：笔者自制。

三、高端装备制造业服务化系统目标和功能分析

系统目标的实现需要系统及系统内各要素共同作用完成，因此系统的目标实现离不开系统的功能，功能是实现目标的基础。在这个过程中，存在不同的目标需要不同的功能实现，因此又表现为目标是功能的指引。综上所述，目标和功能存在着这样的关系：目标是功能的指引，功能是目标的基础，两者相辅相成，缺一不可。

中国高端装备制造业服务化系统的目标和功能直接表现为通过价值共创方式实现服务化转型升级，提升中国高端装备制造业的服务化水平，获得新的核心竞争优势，从而更好地满足市场多元的个性化需求，然后形成良性循环，市场的多元消费反馈给系统成为发展的动力，同时多变的新需求反馈给系统成为创新方向，源源不断的动力加上创新点的引导，使系统及系统内要素获得更好发展。此外，通过行业间的紧密联系，中国高端装备制造业服务化系统的目标和功能间接表现为通过自身的发展带动相关产业的发展，然后呈辐射状对地区内的经济环境、生态环境、科技环境、就业环境等进行改善，促进地区内的经济快速发展、科技实力快速进步、减少环境污染，从而提供更多就业机会，实现整个地区各方面的发展进步。具体如图3-5所示。

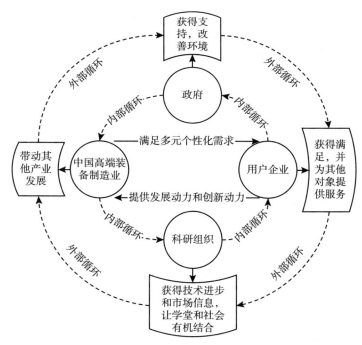

图3-5　中国高端装备制造业服务化系统目标和功能循环示意图

资料来源：笔者自制。

四、高端装备制造业服务化系统环境分析

环境对基于价值共创视角的高端装备制造业服务化系统的生存与发展具

有支撑和制约的双重作用，适应环境并且对环境要素善加利用是高端装备制造业服务化系统生存和发展的必要条件。而适应和利用环境要素的前提是对环境因素的全面把握。本书基于经典的 PEST 环境分析框架，从政治、经济、社会和文化以及技术四个方面对基于价值共创视角的高端装备制造业服务化的环境进行分析。

政治环境方面，我国政治环境长期稳定，不仅为高端装备制造业服务化转型发展营造了良好的环境，而且还对高端装备制造业服务化转型发展给予了一定程度的政策倾斜，一个有利于高端装备制造业服务化转型发展的政治环境已然形成。

经济环境方面，区域或宏观经济的发展水平直接决定了其内在产业的发展水平和发展空间。经济环境可从经济资源、市场空间和经济体制等多个维度对高端装备制造业服务化产生影响。当前我国已经成为世界第二大经济体，为高端装备制造业服务化提供了充足的资源与市场支持。随着社会主义市场经济体制的不断完善，我国现行的经济体制已能在制度层面保障我国高端装备制造业服务化。

社会和文化环境方面，得益于社会开放程度的日益深化及民众教育水平的不断提高，我国已经形成开放性和宽容性的社会和文化环境，社会对产业融合等新兴经济现象的接纳度和包容度也不断提升，为我国高端装备制造业服务化这一新兴经济现象的出现与发展提供了适宜的条件。

技术环境方面，高端装备制造业作为技术密集型产业，包括管理因素在内的广义技术因素不仅直接决定了其产品成本、质量和产业效率，而且直接影响其与生产性服务业的融合进程。在创新驱动发展的战略下，目前我国技术环境已经获得很大改善，技术创新成果累积存量巨大，形成了有利于我国高端装备制造业服务化的技术环境。

五、高端装备制造业服务化系统的自组织性分析

自组织系统应满足以下基本条件：第一，是一个开放系统；第二，系统远离平衡态；第三，系统各要素间存在非线性相互作用；第四，系统存在涨落；第五，系统存在突变。因此，本书从五个方面对基于价值共创视角的中国高端装备制造业服务化系统的自组织性进行分析。

（一）中国高端装备制造业服务化系统是一个开放系统

系统的开放性是指系统可以与环境之间进行物质、能量及信息的交换。基于价值共创视角的中国高端装备制造业服务化系统是一个典型的开放系统。依托融合系统与环境之间人财物、信息、知识和技术等产业资源的有效流动，基于价值共创视角的中国高端装备制造业服务化系统可以不断调整系统要素与目标，并持续完善系统结构，在适应环境的同时通过自组织形式不断向高端演进。

（二）中国高端装备制造业服务化系统是一个远离平衡态的系统

远离平衡态主要强调系统内存在显著的差异与不均衡。基于价值共创视角的中国高端装备制造业服务化系统内的不均衡首先由其主体要素的差异性决定，两大产业在产业输入和输出、产业功能、产业资源和产业能力等多个方面均存在显著差异，从而使融合系统处于一种远离平衡的状态。其次，产业融合系统与环境间存在显著的交互作用，"负熵"的输入会促使产业融合系统进一步远离平衡态，特别是在价值共创视角下，"负熵"的输入更为显著。可见，基于价值共创视角的中国高端装备制造业服务化系统是一个远离平衡态的系统。

（三）中国高端装备制造业服务化系统各要素间存在非线性相互作用

非线性相互作用指系统各要素之间存在多层次、交互式的作用，一个要素的微小变化可能会引发其他要素或整个系统形成不成比例的变化。基于价值共创视角的中国高端装备制造业服务化系统各要素之间均存在非线性相互作用，主要表现在如下方面：一是产业融合系统主体要素之间存在非线性相互作用，两大产业之间的协调发展可以形成循环式的相互促进作用；二是用户与主体要素间存在非线性相互作用，用户可以从技术、产品和市场等多个维度对装备制造业与生产性服务业产生作用；三是政府与主体要素间存在非线性相互作用，政府可以通过产业政策、财税政策和信贷政策等多种手段对两大产业及其融合施加多维影响。此外，产业融合系统其他要素与主体要素、用户、政府之间均存在非线性相互作用。因此，基于价值共创视角的中国高端装备制造业服务化系统要素间存在多重非线性相互作用。

（四）中国高端装备制造业服务化系统存在"涨落"

"涨落"是系统因其要素或行为变化而偏离原有状态的现象，当一个系统处于临界状态时，"涨落"可促使其跃升到一个新的有序状态。基于价值共创视角的中国高端装备制造业服务化系统的涨落可由多个因素的变化引起，变化因素既可以是内部因素也可以是外部因素，但内部因素的变化对融合系统的"涨落"起主导作用。因此基于价值共创视角的中国高端装备制造业服务化系统涨落的诱因主要包括用户需求变化、产业技术创新突破和政府政策调整等。

（五）中国高端装备制造业服务化系统存在突变

突变是复杂系统实现自组织的路径之一，是在渐变基础上形成的短时间内的剧烈变化。基于价值共创视角的中国高端装备制造业服务化系统是一个渐变与突变并存的系统，渐变体现为高端装备制造业与生产性服务业之间温和的投入产出作用，而突变则体现为两大产业在渐变基础上所形成的服务型高端装备制造业。

综上所述，基于价值共创视角的中国高端装备制造业服务化系统是一个远离平衡态的开放系统，系统内存在的"涨落"及各要素间存在的非线性相互作用可引发产业融合系统的渐变与突变。因此，基于价值共创视角的中国高端装备制造业服务化系统是一个典型的自组织系统，可通过自组织形式完成系统演进。

第三节　价值共创视角下中国高端装备制造业服务化机理分析

一、价值共创视角下中国高端装备制造业服务化条件分析

一是降低产业规制强度。高端装备制造业在我国国民经济体系中的重要性决定了其必然受政府等系统要素的高强度规制，如在一些高精尖装备制造领域，政府就设置了"行业审批准入制度"和"牌照制度"等较高的进入门槛。显然，较高的产业规制强度影响了价值共创视角下中国高端装备制造业服务化，降低产业规制强度成为共识。从价值共创视角来看，随着我国市场经济体制的不断完善，服务化所面临的行业壁垒日益降低，特别是在加入

WTO 和深度嵌入全球价值链体系之后，中国高端装备制造业服务化的产业规制强度及产业进出壁垒均有所降低，保证了价值共创视角下中国高端装备制造业服务化的实现。

二是提高产业资源流通渠道与平台的完善程度。价值共创视角下中国高端装备制造业服务化的外在表现是人、财、物以及信息等产业资源的高频大量流动，因此价值共创视角下中国高端装备制造业服务化需要依托完善的产业资源流通渠道和平台才能得以实现。目前，我国已经建立了由中介机构、第三方平台和政府机构等主体构成的相对完善的产业资源流通体系，有利于价值共创视角下中国高端装备制造业服务化的实现。

二、价值共创视角下中国高端装备制造业服务化动因分析

（一）获取竞争优势驱动

根据竞争优势理论，服务化可以使企业获得竞争机会和优势。随着高端装备制造业行业趋于成熟，产品由卖方市场向买方市场转变，很多企业的管理层开始把目光转向服务领域，这不仅是创造新商机的途径，也是企业实现差异化战略的手段。高端装备制造业具有知识密集、资源密集的特点，产品差异化的竞争优势可以使高端装备制造企业更多依赖技术知识与无形服务，改变高能耗、高污染的增长模式，避免资源能源约束和要素成本上升的威胁，获得长久发展。传统的装备制造业产品增加值普遍偏低，价值最大化在于压缩成本，而现代高端装备制造业更注重为产品提供服务支持带来的价值，例如，维修服务已经为高端装备制造企业带来了巨大市场，国际上高端装备制造企业的维修服务收入在其总收入构成中的占比达到 40% 以上。"产品 + 服务"的服务化战略是高端装备制造部门获得竞争优势的新路径。高端装备制造企业为了保持核心竞争力，逐渐出现服务化趋势。

（二）交易成本降低驱动

基于交易成本理论，社会交易费用的下降往往会影响经济体和产业部门功能的分化与组织形态的转变。在技术发展水平较低、政府管制严格的社会体系中，社会交易费用较高，企业为了提高生产效率，生产或服务环节内部

化更能降低市场风险。随着经济全球化的发展，技术的传播与扩散、服务贸易往来的频繁、风险投资的转移以及相关政策的放松使得连接生产工序之间的服务供给增加，成本降低。同时，生产性服务业专业化程度的加深和标准化程度的提高降低了服务外部化的成本。以上两方面的变化趋势导致了企业组织形态的变化，促进了服务型高端装备制造网络的形成。交易费用的降低还会增加企业与客户的交流，使企业更为全面地了解客户的需求，使客户参与整个生产过程，这不仅增加了客户的忠诚度，更是一种服务化的商业模式特征。例如，互联网技术的发展和物流成本的降低使高端装备制造企业根据客户的每一个订单进行生产的模式成为可能。

（三）收益驱动

收益的增加是驱动高端装备制造业发展的直接动力。更稳定的收入来源和更高的边际收益往往促使企业向服务化转变。奥利弗和卡伦伯格（Olive and Kallenberg，2003）就曾指出，产品与服务的整合可以增加收益，因为顾客需要的服务贯穿于产品的整个生命周期，延长了企业为顾客提供服务的时间，同时，服务作为一种无形资产能带来更多的利润，尤其是其难以模仿的特性会给提供者持续带来经济利益。如果高端装备制造业因增加中间服务要素的投入或增加最终产品中服务部分的供给而得到了更为可观的收益，服务化发展自然是企业优先选择的路径。

（四）顾客需求驱动

任和格雷戈里（Ren and Gregory，2007）指出服务化是一个转变的过程，制造业企业逐渐接受以服务为导向，或以开发更多更好的服务为宗旨，满足顾客需求，实现获得企业竞争优势和提高企业业绩的目标。根据营销理论，由于企业间进行市场份额的争夺，高端装备制造业企业不仅需要提供质量过硬的设备产品，还应该更全面、更深刻地了解客户需求，这些工作需要由更贴近消费者的服务环节来担当。高端装备制造业产品大多具有使用时间长和系统集成性的特点，企业可以提供多种租赁方式或一体化的优质服务来满足客户更高的要求。同时，这种服务会提高企业声誉，有助于品牌的推广。例如，高端设备制造商可以向客户提供租赁服务，并且根据租赁时间收费，保证设备的正常运行。

三、价值共创视角下中国高端装备制造业服务化过程分析

由前文高端装备制造业服务化内涵界定可知，高端装备制造业是装备制造企业面向用户需求，通过提高服务在制造活动中的比重，实现效率提升与企业创新，进而提高企业竞争优势和获利能力的过程。这一过程既包括最终产品中有形产品比重减少，服务产品比重增加的产出服务化过程，也包括生产要素从资本、劳动、土地等传统要素为主导向知识要素为主导转化的投入服务化过程。随着服务化程度的加深，高端装备制造企业原有的"面向产品思维"转变为"面向用户思维"，服务要素在高端装备制造企业内部经历了附属、提升、深化，最后成为企业价值重要构成部分的过程。企业活动由以产品为核心向产品与服务并重，再向以服务为核心转变。基于这一特征，本书同样将高端装备制造企业服务化过程划分为以产品为核心的服务附加、产品服务系统构建、以产品为支撑的服务供给三个阶段。

（一）以产品为核心的服务附加阶段

传统装备制造企业在产品生产制造观念的影响下，将资源集中于企业生产能力的构建，希望从低成本制造和产品的高效率生产中寻求价值增值空间。随着行业竞争环境和用户需求的变化，核心产品制造的竞争优势逐渐消失，因能满足用户对高端装备制造产品的售后维修、升级需求，围绕产品的增值性服务成为新的价值增长点，服务成为高端装备制造企业价值增值的组成部分，高端装备制造企业服务化进入以产品为核心的服务附加阶段。在这一阶段，高端装备制造企业通过专业化维修与维护、设备升级与改造等与产品高度相关的基础性服务供给实现企业利润的提升。同时，为了保证产品配套服务的稳定输出，服务要素在高端装备制造企业维修、升级、回收等环节不断富集，高端装备制造企业投入端的服务要素输入呈现以产品配套环节为核心的特征。在该阶段，产品仍是高端装备制造企业服务化的核心。

（二）产品服务系统构建阶段

在以产品为核心的服务附加阶段，核心产品＋配套服务的方式虽然能够在一定程度上提高高端装备制造企业的利润空间，但其为企业带来的差异化竞争优势并不显著，市场同质化竞争激烈，利润空间和价值优势会在一定时

期内迅速下降。因此，利润空间被挤压的装备制造企业会放弃以产品为核心的价值增值方式，希望通过不断挖掘并满足用户需求，构建企业差异化竞争优势。在高端装备制造企业的投入端，基于产品生命周期内用户存在的服务需求，服务要素逐渐向价值链的设计、融资、制造、营销等环节渗透，形成基于不同供应环节的服务能力，为面向用户需求的服务输出提供支撑。在高端装备制造企业产出端，高端装备制造企业开始脱离以产品为核心的思想，面向用户需求提供产品与服务一体化的解决方案，高端装备制造企业服务化进入产品服务系统构建阶段。在该阶段，价值链的核心能力从专业化配套服务转向面向用户需求提供整体解决方案。高端装备制造企业投入端的服务要素输入与产出端的服务供给均呈现面向用户需求的特征，产品、服务及二者间的耦合关系是高端装备制造企业服务化的核心。

（三）以产品为支撑的服务供给阶段

在产品服务系统构建阶段，高端装备制造企业构建产品服务系统，提高服务在企业价值构成中的比重，通过对用户需求的满足，在很大程度上提高了企业绩效。随着服务化水平的继续提升，为了获取更多利润，高端装备制造企业将进一步增加服务在企业价值构成中的比重，在满足用户需求的基础上进一步提高用户效用，以提升服务化产品的利润空间，形成难以被同类竞争者复制与模仿的差异化竞争优势。此时，服务成为高端装备制造企业价值构成中的重要部分与竞争优势的主要来源，产品及企业的生产制造成为企业服务职能实现的支撑环节，高端装备制造企业服务化进入以产品为支撑的服务供给阶段。在这一阶段，高端装备制造企业投入端的服务要素输入与产出端的服务供给均以用户效用最大化为服务化目标，用户效用最大化成为高端装备制造企业服务化的核心。

由以上过程可知，随着服务化的不断深入，高端装备制造企业投入端对服务要素的需求程度与依赖程度不断加深，产出端的服务供给能力代替产品生产能力成为高端装备制造企业价值增值的核心能力。服务化不仅会影响装备制造企业的业务范围、产品构成和商业模式，同样会导致高端装备制造企业的价值逻辑发生变化。企业的价值逻辑是指企业对价值本质及形成过程的认知和把握，以及这一认知和把握在企业价值活动中的体现。对企业价值逻辑的分析应包括对如下问题的回答：在企业价值活动中，价值是由谁创造的？价值是由什么产生的？价值是如何流动的？价值是如何获取的？基于以上问题，本书从价值主体、价值来源、价值传递、价值获取四个方面分析服务化对高端装备制造企业价值逻辑的影响。

1. 价值主体

服务化使价值主体的多元化特征显著。传统装备制造企业具有典型的大而全的特征，高度一体化的供应链结构下，高端装备制造企业是价值链中唯一的价值主体。随着服务化程度的不断加深，高端装备制造企业通过与多个外部主体交互、协同等关系的构建不断获取服务要素，形成面向用户需求与用户效用的服务能力并进行服务输出。在这一过程中，用户、学研机构、中介机构等诸多利益相关者均成为高端装备制造企业服务化过程中的重要参与者，原有的单一主体的价值增值过程转变为多主体协同的价值共创过程。

2. 价值来源

知识要素是企业价值的重要来源。高端装备制造企业的生产过程具有资本密集、劳动密集的特征。传统制造过程中，高端装备制造企业的价值增值主要来源于资金、土地、人力等资本要素的不断累加。而在服务化过程中，知识要素成为企业竞争能力构建的核心要素，企业知识水平决定了企业将生产要素投入向用户价值转化的能力。通过生产函数的优化，提高其他生产要素使用效率的同时，提升服务型产品的利润空间。因此，服务化过程中，知识要素的富集能够显著推动企业价值增值，是高端装备制造企业的重要构成部分。

3. 价值传递

服务化使高端装备制造企业价值链的价值传递更加复杂。传统制造模式下，产品是企业实现价值增值的主要载体，价值传递与产品生产过程密切相关。在服务化过程中，一方面，价值主体的多元化使各主体间的价值传递过程更加复杂；另一方面，伴随服务化程度的加深，高端装备制造企业商业模式不断创新，有形产品不再是价值传递的唯一载体，价值链内服务流、信息流的流动均能使价值在各利益相关者间传递，高端装备制造企业价值传递过程更加复杂。

4. 价值获取

用户效用提升代替产品功能实现成为装备制造企业价值获取的主要途径。传统制造模式下，产品是装备制造企业价值的重要来源，而服务化过程则强调"面向用户的""服务主导逻辑下"的服务型产品供给，高端装备制造企业不再通过高端装备制造产品所有权与使用权的转移实现价值获取，而是通过满足用户需求、提高服务水平等方式提高用户效用，以此实现企业价值增值。

根据以上分析可知，服务化使高端装备制造企业原有价值体系中的价值主体、价值来源、价值传递及价值获取发生了变化，高端装备制造企业原有的价值逻辑被打破。基于价值共创的中国高端装备制造业服务化过程将对原有的高端装备制造业的服务化模式及模式选择产生重要影响。

四、价值共创视角下中国高端装备制造业服务化影响因素分析

产业发展领域相关问题的研究可遵循如下两种范式：一是"理论→实践"范式，二是"实践→理论→实践"范式。中国高端装备制造业服务化问题是一个实践性很强的研究课题，因此本书采用第二种范式，以价值共创视角下中国高端装备制造业服务化机理研究成果为基础，从中国高端装备制造业服务化实践中挖掘服务化系统演进的影响因素。基于此，本书选择扎根理论作为价值共创视角下中国高端装备制造业服务化系统演进影响因素的研究方法。

（一）扎根理论研究方法及其研究流程

由格拉斯和斯特劳斯（Glass and Strauss，1967）两人提出的质性研究方法——扎根理论已经成为研究领域中十分著名的研究方法。经典扎根理论强调在研究之前，不做问题的假设，直接从实际观察入手，不带有问题倾向性地广泛搜集资料，然后通过对资料的对比分析，解析出反映的现实问题，最后上升到理论的过程。扎根理论实质上是一种自下而上建立实质理论的质性研究方法，即先由资料搜集开始，接着通过对资料的对比分析抽象出反映社会现象的核心概念，然后将这些概念进一步归纳，最后对范畴之间的逻辑关系进行构建，得出社会发展的一般规律。扎根理论研究过程如图 3 - 6 所示。

在管理学中，由于不断发展的理论概念具有动态性而导致不同时空下的理论内涵和外延存在不同，因此对于这类内涵或外延不明确的变量更适合通过访谈或实地观察的手段来界定其动态内涵，即通过质性研究的手段解析该类变量的理论框架。扎根理论的研究流程和研究特点很适合此类变量的研究。因此本书选择扎根理论这一方法，解析价值共创视角下中国高端装备制

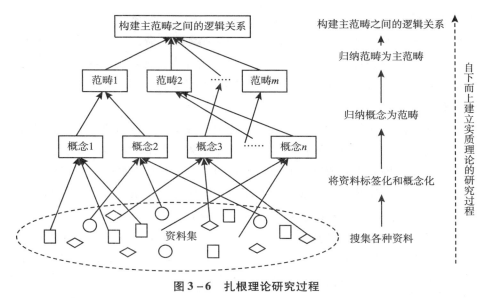

图3-6 扎根理论研究过程

资料来源：笔者自制。

造业服务化机理，并进一步分析确定价值共创视角下的中国高端装备制造业服务化系统演变序参量，为服务化模式设计提供依据。

在我国学术界，对于扎根理论的研究与应用日渐成熟。从整体来看，大多数都遵循以下流程，如图3-7所示。

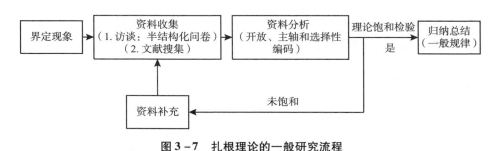

图3-7 扎根理论的一般研究流程

资料来源：笔者自制。

（二）扎根理论研究设计

1. 研究对象的选择

鉴于价值共创视角下中国高端装备制造业服务化的复杂性，要对服务化的机理有清晰、完备、深刻的把握，需要对中国高端装备制造业服务化系统中的各要素进行研究，因此把高端装备制造业企业、政府、科研组织、用户企业、中介机构和行业协会作为研究对象，同时从企业规模、行业、部门等角度进行访谈，保证所获取资料的全面性和系统性。

2. 数据来源

在对中国高端装备制造业服务化系统中的各要素进行访谈时，考虑到各要素对价值共创视角下中国高端装备制造业服务化系统的影响方式及影响深度是不同的，因此在获取资料时要根据实际情况进行权变处理，对于核心主体要素的中国高端装备制造业企业和用户企业要做较多访谈，其他要素依据对高端装备制造业服务化的影响程度依次递减。根据法辛格（Fassinger，2005）的研究成果，样本数控制在 20～30 个为宜，为此高端装备制造业企业和用户企业访谈人数控制在 7 人左右，政府和科研组织人数控制在 4 人左右，行业协会和中介机构人数控制在 2 人左右。

3. 研究流程设计

首先，拟定好提纲（详见附录 1），访谈问题主要包括：企业为什么要进行服务化，有哪些市场条件？价值共创对于服务化实现的效果如何？政府对企业服务化发展做了哪些支持工作？科研组织对企业服务化发展的支持和贡献在哪里？对于实现价值共创，高端装备制造业企业和用户企业需要具备什么样的能力？哪些因素会影响价值共创的实现和持续发展？然后，按照提纲对相关人员进行一对一访谈，采用半结构化问卷，访谈时间为一到两小时，访谈时做好录音和关键语句记录，对访谈笔记进行反复比较整理并进行三级编码，最后，对所编码内容进行理论饱和检验。

（三）三级编码结果及理论饱和检验

1. 开放式编码

开放式编码是形成理论的初始环节，是对访谈记录进行整理标注后，通过对比分析从访谈资料中提取独立的概念，然后将具有相似性指向的概念进行归类，最后对不同的类属进行命名的过程。在编码的过程中要求研究者不对数据进行二次加工，以数据资料的原始状态进行编码分析，同时做到不遗漏，在对资料不断对比的情况下分类，对表述同一类观点的话语选取具有概括性的短语作为概念（标签）进行类属规划，形成更大一级的范畴。

对原始资料进行开放式编码共获得 52 个概念和 17 个范畴，具体如表 3 - 1 所示。

表 3 - 1 价值共创视角下中国高端装备制造业服务化机理开放式编码结果

范畴	概念	访谈资料举例（贴标签）
内生性动力	资源互补	企业的资源是有限的，价值共创可以构建企业间紧密联系的桥梁，实现各类资源的互补
	降低风险	价值共创可以降低产品不符合市场需要导致无人购买的风险，同时也可以帮助锁定供货源，降低缺货风险
	企业发展需要	企业在发展到一定阶段时，需要变革为企业注入新的活力，同时获取新的市场竞争力，保证企业的长足发展
	合作共赢	价值共创可以实现企业间的密切联系，减少商品的中间流通环节，降低成本，实现共赢
外生性动力	市场需要	价值共创可以帮助企业在当前以服务为核心和主导的市场背景下，走新的发展模式
	市场竞争驱动	价值共创可以有效提高企业服务化效率，增强企业的市场竞争力，表现在企业的发展进步以及对市场有限资源的竞争
	政策驱动	国家出台各项政策，营造良好发展环境，大力推动高端装备制造业服务化发展
	环境驱动	全球各行业都在进行服务化转型，服务化已成为当前的发展趋势
政府支持（保障）	资金投入	政府对高端装备制造业的服务化发展投入大量的资金
	政策支持	政府为高端装备制造业行业制定专属发展政策，给予发展优惠
	组织协调	政府依靠公信力和组织力作为中间桥梁协调各方关系
	基础设施建设	高端装备制造业的服务化需要先进的信息基础设施作为支撑，政府推进地区的基础设施建设可以给高端装备制造业服务化发展提供必要的基础条件
科技支持（保障）	科研成果支持	专门从事科研的研究所或研究院可以帮助企业和用户企业高效实现科技研发
	科研理论支持	高校可以为企业和用户企业提供科研理论支持
	科研人才支持	研究所或研究院的研究人员以及高校培养的各类人才可以供企业和用户企业使用，满足服务化战略需要

续表

范畴	概念	访谈资料举例（贴标签）
经济支持（保障）	经济促进需求增长	经济的高速发展带来的最直接效应便是消费者的可支配收入增加，提高了消费者的消费能力，进而使需求增加
	经济改变需求观念	经济的快速进步让消费者变得富裕，单一的消费模式已经无法满足消费者的需要，更高层级的马斯洛需求让消费者渴望更好的消费体验
社会支持（保障）	社会文化改变	消费观念发生改变，形成一种新的社会文化，消费者更渴望"一揽子"解决方案，且相较于以前更喜欢系统的整套体验
	社会大众接受	对于服务化，社会大众对此持接受态度，这降低了企业和用户企业开展服务化的阻力
信息支持（保障）	线下信息	中介机构可以提供相关服务信息帮助企业更好实现价值共创
	线上信息	科技的发展实现了网络信息的快速积累和交换，企业和用户企业可以更便捷地获取相关信息，从而制定更完备的发展战略和价值共创体系
服务化基础能力	研发水平	高端装备制造业发展以及服务化对研发具有较强的依赖性
	资金水平	高端装备制造业企业的服务化需要大量资金投入，企业具备的资金实力在很大程度上会对服务化产生影响
	人力资本水平	服务化需要大量新型人才支持，企业具备的人力资本水平不同，对企业的服务化发展有重大影响
	企业家精神	作为企业的主要决策者，企业家的精神品质决定了其行事风格，从而对企业的各项发展产生影响
	地理位置	不同地区的政府政策、科技环境、经济环境等存在较大差异，因此对于企业的服务化发展会产生不同的影响
服务化核心能力	资源整合能力	高端装备制造业企业的资源整合能力不同，表现出不同的资源利用效率，而这会对服务化发展产生重大影响
	自主技术创新能力	高端装备制造业是一个技术密集和知识密集的行业，因此具备较强的自主技术创新能力，不断保持技术创新活力很有必要
	服务创新能力	服务化对企业来说是一种长远发展的战略，需要企业在服务化过程中不断创新变革，保持活力
	信息沟通能力	价值共创视角下各主体需要沟通协调，因此对于企业而言，不再局限于内部信息沟通，还要同其他参与主体建立紧密的沟通关系

续表

范畴	概念	访谈资料举例（贴标签）
服务化拓展能力	产品了解	高端装备制造业企业对产品的了解程度决定了产品的功能、外形以及产品的发展方向，以便实现更好的服务价值
	政策了解	高端装备制造业的发展受政策影响较大，因此高端装备制造业企业对国家政策的了解程度决定了其发展战略的制定和发展的顺利与否
参与服务化基础能力	人力资本水平	参与高端装备制造业企业的服务化战略发展过程，参与完成产品的研发生产等环节，需要具备科技人才和战略服务型人才
	资金水平	用户企业运营需要大量资金投入
	地理位置	高端装备制造业企业在地域分布上呈较大差异性，因此用户企业所处的地域不同，所面临的高端装备制造企业在数量和质量方面也不同，这对用户企业在选择价值共创对象时会产生较大影响
	企业家精神	企业家精神往往决定了企业的文化和行事作风，在一定程度上代表了这个企业的特质，因此企业家精神对企业的发展有较大的影响
参与服务化核心能力	市场调研能力	高端装备制造业企业的用户一般都不是终端消费者，除特定产品外，用户（企业）大多需要对市场的消费需求进行精准调研，然后有针对性地进行产品营销
	市场开拓能力	对于非终端消费者的用户来讲，需要进一步开拓新市场，为产品寻找真正的需求者
	市场反馈能力	跟踪消费者对产品的使用情况，通过反馈了解终端消费者对产品的消费意见，然后对产品及营销进行不断的改进
	市场售后能力	在服务化战略背景下，做好市场售后可以降低甚至消除消费者的不满意度，通过优质的市场售后挽回消费者的使用信心
参与服务化拓展能力	服务创新能力	服务化对用户企业来说同样是一个长远发展的战略，需要用户企业在服务化过程中不断突破创新，保持服务化活力
	信息沟通能力	价值共创下的合作方面广、合作内容深、合作关系紧，且多方参与主体需要沟通协调的地方很多，因此需要具备较强的信息沟通能力
伙伴选择	伙伴匹配	价值共创的前提是各参与主体的合作意愿和匹配度
	信用情况	信用是一切的根本和基础，价值共创让各参与主体的关系变得更为亲密，但同时也带来了安全风险，因此要重视伙伴的信用情况

续表

范畴	概念	访谈资料举例（贴标签）
组织协调	战略与策略协同	选择价值共创将会与原来的发展战略存在差异，因此在战略和策略方面要进行相应的调整从而达到战略与策略的协同，以适应新的发展
	合作模式	在合作时要根据各参与主体的具体情况合理制定合作模式，以便更好发挥各自的优势
	监督机制	价值共创是合作而非合并，因此要建立长效的合作监督机制，以便对各参与主体行为进行监督和制约
	利益分配	利益分配的公平合理决定了合作的可持续性
风险控制	风险预警	通过价值共创实现服务化对于各参与主体而言都有模式变革等风险，因此需要建立风险预警机制以便更好应对危机
	风险应对	风险是不可避免的，因此在风险来临前要建立多套行之有效的风险应对方案，在风险来临时应对
评价和反馈	评价机制	对价值共创和服务化水平和绩效等各方面及时进行评价，以便对现有合作模式有清晰的了解
	反馈机制	建立反馈机制，保障合作过程中遇到的问题能够得到及时解决、发现的不足要及时改进

资料来源：笔者自制。

2. 主轴式编码

主轴式编码是扎根理论编码过程的第二步，是指在开放式编码的基础上，进一步研究各范畴之间的关系，对其归纳总结形成主范畴的过程。本书对 17 个范畴进行关系分析总结后将其归纳为 5 个主范畴，具体如表 3 - 2 所示。

表 3 - 2　　价值共创视角下中国高端装备制造业服务化机理主轴式编码结果

编号	主范畴	对应范畴	关系内涵
1	合作动力	内生性动力	资源互补、降低风险、合作共赢乃至企业发展至一定阶段的需要是各主体参与价值共创的内部动力
		外生性动力	市场需要、市场竞争驱动、政策驱动和环境驱动是各参与主体价值共创的外部动力

续表

编号	主范畴	对应范畴	关系内涵
2	支持与保障	政府支持（保障）	政府的资金投入、政策支持、组织协调和基础设施建设为价值共创的实现提供支持与保障
		科技支持（保障）	科研组织的科研成果、科研理论和科研人才为价值共创的实现提供科技支持与保障
		经济支持（保障）	经济的发展促进需求增长，同时改变需求观念，为价值共创的实现提供经济支持与保障
		社会支持（保障）	社会文化的改变和社会大众的接受度为价值共创的实现提供社会支持与保障
		信息支持（保障）	线下中介机构与线上互联网公司可以为价值共创的实现提供信息支持与保障
3	服务化能力	服务化基础能力	研发水平、资金水平、人力资本水平、企业家精神、企业的地理位置综合体现了高端装备制造业企业实现价值共创服务化的基础能力
		服务化核心能力	资源整合能力、自主创新能力、服务创新能力和信息沟通能力构建了高端装备制造业企业的价值共创服务化核心能力
		服务化拓展能力	对产品以及政策的了解构成了高端装备制造业企业的价值共创服务化拓展能力
4	参与服务化能力	参与服务化基础能力	人力资本水平、资金水平、用户企业的地理位置和企业家精神构成了用户企业参与服务化的基础能力
		参与服务化核心能力	市场调研能力、市场开拓能力、市场反馈能力和市场售后能力构成了用户企业参与服务化的核心能力
		参与服务化拓展能力	服务创新能力和信息沟通能力构成了用户企业参与服务化的拓展能力
5	实现与保障	伙伴选择	伙伴选择会影响各参与主体价值共创的实现
		组织协调	组织协调会影响各参与主体价值共创的实现
		风险控制	风险控制会影响各参与主体价值共创的实现
		评价和反馈	评价和反馈会影响各参与主体价值共创的实现

资料来源：笔者自制。

3. 选择性编码

选择性编码是扎根理论的第三步，是在主轴式编码的基础上，进一步探究主范畴、子范畴以及概念之间的关系，从而形成完整理论的过程。本书运用典范模式（paradigm model）对各范畴之间的关系进行联结，主要包括因果条件、现象、脉络、中介条件、行动策略和结果六个方面。具体如图3-8所示。

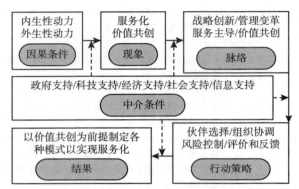

图3-8　价值共创视角下中国高端装备制造业服务化机理典范模型

资料来源：笔者自制。

将价值共创视角下中国高端装备制造业服务化作为核心范畴，围绕核心范畴确定了对其影响显著的5个主范畴：合作动力、支持与保障、服务化能力、参与服务化能力、实现与保障。各范畴之间的关系表现为三大范式：一是合作动力和支持与保障构成了服务化的外部基础和条件，并对服务化产生驱动与保障效应；二是服务化能力和参与服务化能力构成了服务化的内部核心能力，直接影响价值共创服务化的实现；三是实现与保障的实质是价值共创服务化如何实现与如何长久发展。基于上述分析，对典范模型进行进一步研究，探究更为清晰的价值共创视角下的中国高端装备制造业服务化机理，具体如图3-9所示。

4. 理论饱和度检验

通过扎根理论构建的价值共创视角下的中国高端装备制造业服务化机理，需要进行理论饱和度检验，验证所得机理是否考虑全面，即是否饱和。通常在三级编码前会将所得资料的2/3用于编码获得理论，剩余1/3用于理论饱和度检验。本书也采用这种方法，将收集的资料采用随机抽样的方法，

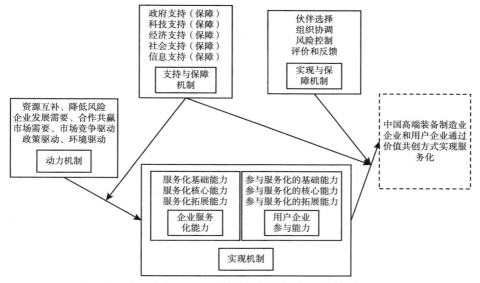

图 3−9 价值共创视角下中国高端装备制造业服务化机理模型

资料来源：笔者自制。

取出 1/3 作为检验组，剩余 2/3 作为编码组。对检验组的资料进行开放式编码、主轴式编码和选择性编码，未出现新的重要概念和范畴，因此认为本书所得价值共创视角下中国高端装备制造业服务化机理理论达到饱和。

（四）高端装备制造业服务化系统序参量确定

通过前文分析，动力机制作为驱动因素，为价值共创服务化的实现进行动力供给，支持与保障机制和实现与保障机制为价值共创服务化的实现提供保障，虽然作用显著，但都是外在表现，而高端装备制造业的服务化能力和用户企业的参与服务化能力则构成服务化的内部核心能力，直接关系着价值共创服务化的实现，并且高端装备制造业及其用户企业作为服务化系统的核心要素，其发展直接影响服务化效果，因此把它们作为高端装备制造业服务化系统演变的序参量。

对服务化系统的序参量状态和服务化系统状态对应规则进行分析后得知，服务化系统序参量状态有很多，不同状态的序参量又可以组合出更多的服务化系统状态，因此在这种情形下服务化系统状态是无限的，这对于理论研究来说是无法实现的，并且就实际而言服务化系统演进方向是有限的，所以本书认为对于服务化系统序参量的状态无须进行多级别划分。借鉴国内外研究文献，本书对服务化系统序参量状态等级设置为2，从而形成如图3-10所示的4（2×2）种服务化系统的初始状态，并在此基础上设计服务化模式。

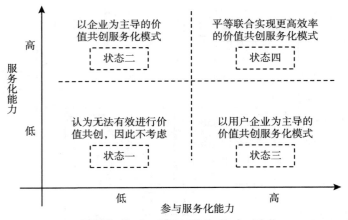

图3-10 基于序参量的价值共创视角下中国高端装备制造业服务化模式导引
资料来源：笔者自制。

第四节 基于序参量的中国高端装备制造业服务化模式总体设计

一、高端装备制造业服务化模式设计原则和思路

（一）设计原则

（1）科学性原则。高端装备制造业服务化模式的设计遵循科学性原则，从资料获取到根据分析结果设计模式都要遵循这一原则。

（2）系统性原则。高端装备制造业服务化模式的设计较为复杂，面对复杂的事物，处理的手段往往是先进行合理的拆解再有序组合，这就要求具备系统性，以保证拆解体系的完整性。

（3）针对性原则。服务化模式要根据高端装备制造业的特点和服务化系统的状态有针对性地进行设计，从而能够更好地指导高端装备制造业服务化的进行。

（4）可行性原则。高端装备制造业服务化模式的设计要结合实际，考虑企业自身、发展环境等因素，不可脱离实际情况，应具备理论可行性以及可实现性。

（二）设计思路

第一，对价值共创视角下中国高端装备制造业服务化系统的要素进行分析，即研究体系的参与者。

第二，通过扎根理论探究价值共创视角下中国高端装备制造业服务化机理，深入了解价值共创视角下的中国高端装备制造业服务化的具体情景，得到两个决定性的影响因素作为服务化系统演变的序参量，从而根据不同的状态制定不同的服务化模式。

状态一：企业服务化能力低，用户企业参与服务化能力低。考虑价值共创的前提是某一参与主体在某一方面具备优势，然后通过深度合作的方式达到优势共享的目的，在该状态下参与价值共创的两个核心主体均无优势之处，因此本书认为处于该状态下的高端装备制造业企业和用户企业无法有效进行价值共创，故舍去。

状态二：企业服务化能力高，用户企业参与服务化能力低。本书认为此状态可以有效进行价值共创。企业的服务化能力高，但是用户企业的参与服务化能力低，这就决定了在价值共创的过程中以企业为主导的情景。企业更偏向生产，故认定此种为生产领域的价值共创，即更多的是在产品的设计、研发与生产环节。企业具备更高的水平，产品便成为带动服务衍生价值的核心，因此走产品链条服务化道路，即核心在产品。

状态三：企业服务化能力低，用户企业参与服务化能力高。本书认为此状态同样具备价值共创的条件。由于企业的服务化能力低，用户企业的参与服务化能力高，就决定了以用户企业为主导的情景。相较于企业，用户企业更偏向于产品市场销售，故认定此种状态为消费领域的价值共创。因为用户企业更了解市场的需求，同时具备市场开拓能力，通过成为市场消费的引领者达到制定市场标准的目标。

状态四：企业服务化能力高，用户企业参与服务化能力高。本书认为此状态能够更好地进行价值共创。企业的服务化能力高，用户企业的参与服务化能力高，从而达到 1 + 1 > 3 的效果。随着互联网技术的进步，当前社会已迈入数字化时代，企业和用户企业可以借助互联网技术实现数字 + 模块的价值共创方式，具体来讲就是企业和用户企业合作更为紧密，企业的研发环节可以与用户企业 A 共同完成，企业的产品设计环节可以和用户企业 B 共同完成，同理用户企业 C 可以同时与企业 D 和企业 E 在不同环节实现价值共创，即价值共创不再局限于两个主要主体，而是将产品从设计研到生产销售的过程拆解为多个模块，然后利用数字智能技术针对不同的模块实行更有效的价值共创。

以高端装备制造业企业的服务化能力和用户企业的参与服务化能力作为服务化模式选择的依据，分析指标设计的原则并构建系统的评价体系，通过聚类分析法确定分割点数值，为中国高端装备制造业企业服务化模式的选择提供参考。

二、高端装备制造业服务化模式总体框架

根据前文的设计原则和思路，价值共创视角下的中国高端制造业服务化模式如图 3 - 11 所示。该框架是基于价值共创视角而定的，因此不具备唯一

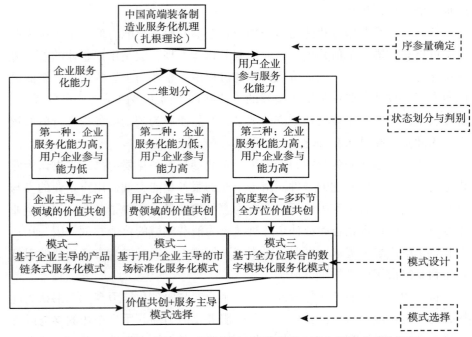

图 3 - 11   价值共创视角下中国高端装备制造业服务化模式总体框架

资料来源：笔者自制。

性和排他性，且由于行业的复杂性和服务化本身的多样性，高端装备制造业企业要因时而需、因事而需，巧妙灵活地开展服务化。

三、高端装备制造业服务化模式关系分析

企业的服务化能力和用户企业的参与服务化能力都是可变的，即企业和用户企业在通过价值共创实现服务化的过程中所处的状态不是固定的，会随着其发展能力而变化，实现状态跳跃，从而导致模式发生变化。本书所提的四种状态和三种服务化模式存在如图 3 - 12 所示。

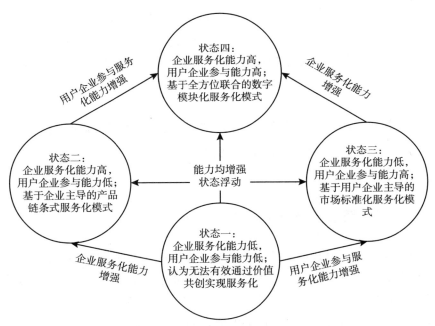

图 3 - 12　四种状态和三种服务化模式的演化关系

资料来源：笔者自制。

对于高端装备制造业企业来讲，用户企业虽然是表现最直接的产品购买者，但却不是真正的终端消费者，因此在考虑高端装备制造业企业和用户企业通过价值共创实现服务化时，还要考虑产品的实际市场用户情况，因此后面所涉及的服务化模式都离不开真正的终端消费者。此外，用户企业作为价值共创的主体参与价值共创，但本书真正考虑实现服务化的主体是高端装备制造业企业。

第四章　基于企业主导的产品链条式服务化模式

本章首先从内涵、架构及特征角度对基于企业主导的产品链条式服务化模式进行概括性描述，其次从价值主张、价值流通和价值共创实现三个方面进行模式设计，然后提出服务化模式的运行策略，最后提出服务化模式的运行要点。

第一节　基于企业主导的产品链条式服务化模式内涵、架构及特征

一、产品链条式服务化模式的内涵

根据前面对价值共创视角下中国高端装备制造业服务化机理的分析，本书得出在企业服务化能力高、用户企业参与服务化能力低的状态下是可以进行价值共创的。为了更好地发挥优势，在实行价值共创时会以企业为主导，这是因为企业的能力更偏向于产品的研发和生产，而不是对市场需求的精准把握，且企业对产品的把握大于用户企业对市场的把握，因此认为此状态下可以实行生产领域的价值共创。

处于这种状态时，由于用户企业对市场需求把握不够精准，因此只能依赖提供整套系统的产品"无差别供给"，通过"量"来满足消费者的需求，借此造就服务的价值增值。这里的"无差别"和"量"不仅指数量多，还有种类多以及环节多。为此，本书根据这一特点设计了产品链条式服务化模式，将服务价值依托于产品，通过链条式产品体系给消费者带来满足感，推动企业的服务化实现和竞争力增强。

本节所提基于企业主导的产品链条式服务化模式是指以产品为核心，围绕产品转移的各环节，通过增加服务要素提供优质服务。在该模式下，高端装备制造业企业不再单纯地以销售产品获利，而是以产品为依托，开展一系列服务化活动，将企业重心由产品向服务转移。该服务化模式以产品的层次逻辑为依据进行设计，提供"核心产品服务＋附加产品服务＋潜在产品服务"的整体产品链条式服务包，以产品功能为延伸，为顾客提供层级式需求供给，达到"产品基本满足需求—产品完全满足需求—产品带动新的需求"的目标，其实质是以产品为依托，通过产品的形式和流通带动价值的产生和流动，在此过程中增加服务要素，直至实现产品即服务的最终目标。

二、产品链条式服务化模式的架构

在该状态下，为充分发挥高端装备制造业企业的优势，因此开展生产领域的价值共创，用户企业通过参与产品的规划、设计、研发、生产、经销、安装、使用、维修等环节参与价值共创，高端装备制造业在用户企业的参与下，在产品的各环节增加服务要素以实现服务化。

首先借助用户企业的需求规划设计核心产品，满足用户对产品的基本需求，其次借助用户企业对市场需求的了解程度规划和设计附加产品，给用户带去满足感，最后借助高端装备制造业企业对产品的深度把握，规划和设计潜在产品，带给用户更丰富的功能体验，通过潜在产品挖掘引领用户需求，为用户带去更优质的服务体验，创造更大的服务价值。具体架构如图 4 - 1 所示。

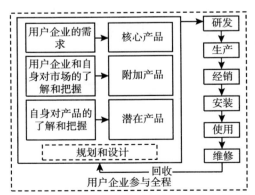

图 4 - 1　基于企业主导的产品链条式服务化模式框架

资料来源：笔者自制。

三、产品链条式服务化模式的特征

1. 产品链条全周期服务化实现

基于企业主导的产品链条式服务化模式下，以高端装备制造业企业为主导，用户企业为辅助参与生产领域的价值共创，以高端装备制造业企业的优势特点为核心，围绕产品在各环节的转移过程，通过增加服务要素投入实现产品链条全周期服务化。

2. 产品规划和设计的针对性实现

以往产品主导逻辑下，产品的规划和设计一般都由高端装备制造企业单独完成，且生产企业仅以市场调查为依据，整个生产过程充满不确定性，但是在基于企业主导的产品链条式服务化模式下，由于用户企业的直接参与，将这种产品设计的不确定性进一步降低，避免资源的浪费并降低了生产风险，这对于生产周期长、价值密度大的高端装备制造产品显得尤为重要，让高端装备制造产品的规划和设计变得更有针对性。

3. 流程的系统链接实现

在产品主导逻辑下，高端装备制造企业完成产品生产，然后交付给代理商或由企业亲自参与产品售卖，至此高端装备制造企业便在整个价值创造过程中完成了使命。这种模式下产品流通的各环节相对独立，彼此之间联系不紧密，但是在基于企业主导的产品链条式服务化模式下，由于高端装备制造企业要对整个价值共创过程中的各环节负责，因此便建立以自我为核心的全流程链接，从而使各环节之间的协作关系变得更为紧密，在加深联系的同时也加强了信息沟通，有利于高端装备制造企业服务化的实现。

第二节　基于企业主导的产品链条式服务化模式设计

一、价值主张

对于价值共创而言，是否愿意参与价值共创恰恰就体现在一方的价值主张是否具备足够的吸引力，能否推动另一方参与。在这种状态下，高端装备制造业企业服务化能力强，如资金实力雄厚、研发水平高、资源整合能力强等；而用户企业参与服务化的能力则相对薄弱，表现为用户企业资金不足、市场经营能力一般等。在此种情况下，高端装备制造业企业针对用户企业的痛点并利用所具备的优势提出价值主张，主要有如下三个方面。一是针对用户企业产品供应商寻求问题，用户企业实力薄弱，发展受到很大制约，因此高端装备制造业企业的第一个价值主张就是通过价值共创加强两者的关系，由此给用户企业稳固的合作保障。通过参与产品规划和设计，用户企业可以得到令其满意的产品，节约选择成本，同时因为用户企业的参与，可以获得更大的成就感，此外用户企业还可以提出具体意见，高端装备制造业企业提供全套解决方案。二是针对用户企业产品购买问题，用户企业的资金水平不足，难以购买价格高昂的设备，因此高端装备制造业企业的第二个价值主张就是通过价值共创加强两者的关系，由此给用户企业最便利的租贷支持。价值共创让高端装备制造业企业和用户企业关系紧密，这种关系是双向的，因此高端装备制造业企业以此为用户企业提供设备租赁或贷款担保等服务，帮助用户企业解决资金不足等问题。三是针对用户企业产品使用问题，高端装备制造业产品技术复杂度极高，在产品使用、设备维修等方面同样存在较多问题，因此高端装备制造业企业的第三个价值主张就是通过价值共创加强两者的关系，给用户企业提供可靠的售后服务。价值共创使两者合作更紧密，不仅表现在用户企业作为该模式的辅助角色参与前端产品设计规划环节，还同样体现在高端装备制造业企业参与后端产品使用和维修环节，高端装备制造业企业通过这种参与可以有效解决产品使用难、产品维修难等技术问题。

二、价值流通

所谓价值流通即价值通过专设渠道进行价值传递，因此价值流通包含如下两个方面。一是各环节间的价值流通，此时产品是价值的载体，价值依托产品的转移实现从一个环节到另一个环节的流动。产品经历规划设计到研发、生产、运载、安装、使用、维修乃至回收等，价值也随之发生转移。二是各主体间的价值传递，这个相对来讲要比各环节间的价值流通复杂些，因此从服务化系统要素即价值共创各参与主体的角度进行说明。首先是高端装备制造业企业和用户企业之间的价值流通，用户企业将对市场需求的了解转化为产品设计的参考提供给高端装备制造业企业，然后高端装备制造业企业结合参考意见进行产品的规划、设计、研发与生产，完成产品生产后再转移给用户企业，形成价值流通的闭环；其次是高端装备制造业企业和科研组织之间的价值流通，科研组织向高端装备制造业企业提供理论知识和科研人才，同时帮助高端装备制造业企业进行技术研发，高端装备制造业企业向科研组织输出产品最新前沿，助推科研组织进步，并且支付研发费用，供科研组织发展所需，形成价值流通的闭环；然后是高端装备制造业企业和政府间的价值流通，政府向高端装备制造业企业输出政策和资金支持，高端装备制造业企业发展带动其他制造业发展进步，从而助推社会发展，形成行业协会参与政府管理和代表企业与政府对话的价值流通闭环；最后是高端装备制造业企业和中介机构之间的价值流通，中介机构主要包含两类，一是信息中介，高端装备制造业企业会委托信息咨询机构对某一个事物进行调研并形成报告，高端装备制造业企业付出相应的酬劳；二是金融机构，高端装备制造业企业和金融机构、高端装备制造业企业和用户企业和金融机构会形成两个价值流通的闭环。

三、价值共创实现

强调价值共创实现而非价值实现的原因是本章设计的服务化模式与传统的发展模式是有所不同的，传统的发展模式下各主体相互独立，价值往往是在内部被创造，甚至部分主体不参与价值创造，但该模式下各主体紧密合作，实现价值的共同创造。这种服务化模式以高端装备制造业企业为主导，提出价值主张，用户企业作为辅助角色参与价值共创，其他主体作为次要辅助角色共同参与，价值通过专设渠道在各主体、各环节间流通，最终得以实现价值共创。具体如图4-2所示。

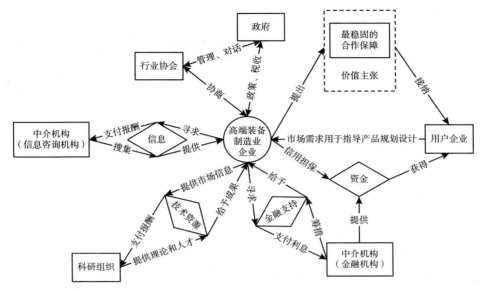

图 4 – 2　基于企业主导的产品链条式服务化模式价值流通与价值共创实现

资料来源：笔者自制。

第三节　基于企业主导的产品链条式服务化模式运行策略

一、合作协商产品的规划和设计

高端装备制造业产品不同于一般的产品，大多数用于生产制造其他产品，少部分作为终端产品使用，所以在产品的功能以及外形的规划和设计方面，需要同用户进行合作协商，在充分了解用户需求后对产品进行有针对性的规划和设计。当满足终端消费者的基本需求后，用户企业为终端消费者提供更好的使用体验，然后高端装备制造业企业进行产品的改进与完善，进一步满足终端消费者的附加需求，在此基础上高端装备制造业依托自身强大的研发能力，对产品进行深度开发，以期满足终端消费者的潜在需求。首先用户参与可以让用户充分体验到从产品的研发设计到最终成型的过程，高端装备制造业产品技术复杂度高，且用途较一般制造业产品也有所不同，例如航空、高铁等，用户对高端装备制造业产品的安全性有着极高的要求，所以通过用户的参与可以提高用户对产品的信任程度；其次是由于用户的参与，高端装备制造业的产品融入更多用户的个性化意见，在丰富产品种类的同时，客户获得极高的满足感；最后，通过附加产品和潜在产品带动服务增值，为用户带去更多不一样的服务体验。

二、构建多元智能互联系统

依据高端装备制造业产品智能属性构建智能互联系统，实现对产品的实时监测、智能控制、在线维护等，主要包括三个方面。一是对设备的运行情况实时监测，借助信息系统将设备运行情况及时反馈，有效获知作业进展情况和设备状态；二是通过远距离智能控制，实现在极端条件下的无人作业，减少成本的同时提高设备安全性；三是实现对产品的在线维护，高端装备制造业产品的技术复杂度给维修工作也带来了难题，通过远程在线系统对维修人员进行现场指导，大大节约维修成本，提高设备使用效率。构建多元智能互联系统，一方面是将产品纳入系统内，实现对产品的智能互联，另一方面是在各环节设置分部系统，将全周期各环节纳入智能系统，实现各环节紧密联系。企业提供以产品为导向的附加服务，通过构建由参与价值共创的主体组成的多元智能互联系统，实现产品在全周期的服务要素增加，最终实现服务和价值的流通，即服务化。

三、提供多元融资和租赁业务

高端装备制造业产品由于技术复杂度高，致使大部分产品价格高昂，对于资本不足的企业而言无法承担如此高昂的费用。为此提供三种思路：一是高端装备制造业企业提供融资服务，为这些用户企业提供"贷款"业务，用户企业在高端装备制造业企业的帮助下获得银行或其他融资机构的贷款，甚至是来自高端装备制造业企业本身的放款，给用户企业提供便利的条件；二是实行多个企业共同租赁，高端装备制造业企业通过价值共创与多个用户企业构建紧密关系，由高端装备制造业牵头，制定相应的租赁规则，如此在满足用户企业的需求之外可以付出较小的代价；三是高端装备制造业企业和用户企业联合，高端装备制造业企业提供产品，用户企业免费获得产品的使用权，产品获得的盈利由高端装备制造业企业和用户企业协商分配。通过此种设计可以有效解决用户企业资金不足导致产品无法流通的问题，只有产品实现流通，价值和服务才能得以实现。

四、构建深度交互平台

构建三级深度交互平台，一是构建参与价值共创主体的用户企业，这样可以更好地实现价值共创；二是构建高端装备制造业企业与其他潜在合作的经济体的深度交互平台，广泛接收用户企业的建议和意见，包括对产品的构思以及对产品的体验，获得更多设计灵感，从而使产品得到延伸；三是构建与终端用户的深度交互平台，纳入终端用户，通过深度交互平台获得终端用户的消费体验，终端用户对产品的意见反馈更为直接，对产品的改进更加有利。

综上所述，在高端装备制造业企业服务化能力高、用户企业参与服务化能力低这一状态下设计的基于生产领域的产品链条式服务化模式运行策略具体如图4-3所示。

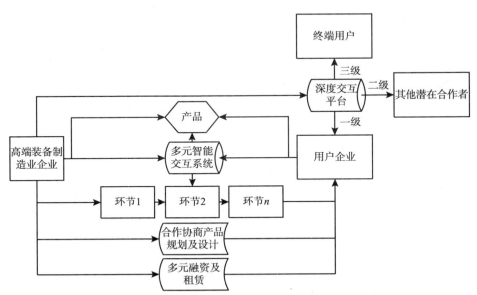

图4-3　基于企业主导的产品链条式服务化模式运行策略

资料来源：笔者自制。

第四节　基于企业主导的产品链条式服务化模式运行要点

一、着力人才培养

由于用户企业的参与服务化能力低，导致用户企业在价值共创参与过程中无法深入，因此该模式对高端装备制造业企业要求更高。高端装备制造业企业无法获得更多的产品规划设计意见，只能依靠对产品的挖掘和创新，这就对人才资源提出了更高的要求。实现全周期服务化需要研发、生产、维修等领域的人才，并且要在其中加入服务要素，因此企业要重视对人才的培养。高端装备制造业企业可以借助科研组织的力量实现创新能力的扩大和创新人才的吸收，科研组织中的研究所、研究院可以为高端装备制造业企业提供创新角度，而高校则可以为高端装备制造业企业培养创新型人才。

二、充分利用智能信息技术

要实现产品全周期服务化，对产品的动态掌握是必不可少的。通过智能互联系统可以对产品的运输注意事项做到及时传达和监控，此外还要做到及时指导，在发生意外时有效解决；在产品运输到位后需要组装，在过去可能需要生产企业专业队伍跟随，负责产品的安装和培训，现在借助智能互联系统能够实现远程在线指导，让过程更加智能化，让用户获得新体验；对产品的智能检测反馈可以获知产品的有效使用情况并作出相应调整，使产品的使用更加合理，从而扩大产品有效使用率，给高端装备制造业企业新的改进方向；在产品达到使用期限时，高端装备制造业企业获得产品数据，告知用户企业及时更换并回收。对各环节的智能互联纳入，就是为了更好实现服务化，因此要充分利用智能信息技术。

三、加强客户关系管理

客户关系管理的目的是通过加深与用户的关系来保证用户的稳定性，有助于更好实现价值共创。由于该模式是以高端装备制造业企业为核心主导，因此高端装备制造业企业在实行服务化模式时，要加强同用户企业、潜在合作者以及终端消费者的关系管理。对于服务化开展初期的高端装备制造业企业而言，客户资源是企业发展的基础，因此要通过加强客户关系管理的方式，在锁定现有客户资源的基础上，将客户进行身份转变，以适应企业新的发展战略，并在充分利用公司现有资源和客户关系管理系统的基础上吸引更多用户，促成服务化的进一步实现和发展，所以强化公司资源基础、做好客户的统一管理、协同服务对于高端装备制造业企业的服务化发展具有重要意义。高端装备制造业企业可以设置统一的客户管理平台，建立动态客户数据库，在研发、设计、生产、营销、回收等环节对客户需求及时跟踪，实现各环节全周期服务一体化，从而与客户实现更好协同。

第五章 基于用户企业主导的市场标准化服务化模式

本章首先从内涵、架构及特征角度对基于用户企业主导的市场标准化服务化模式进行概括性描述，其次从价值主张、价值流通和价值共创实现三方面进行模式设计，然后提出服务化模式的运行策略，最后提出服务化模式的运行要点。

第一节 基于用户企业主导的市场标准化服务化模式内涵、架构及特征

一、市场标准化服务化模式的内涵

根据第二章所得结论，本书认为在高端装备制造业企业服务化能力低、用户企业参与服务化能力高这样一种状态下是可以进行价值共创的，并且以用户企业为核心实行服务化模式。高端装备制造业企业的服务化能力低，而由于用户企业掌握的核心资源重在产品使用领域，故认为核心在于销售领域的价值共创。用户企业对于市场需求有着精准的把握，并且具备引领市场需求的力量，为充分发挥这种优势，制定了基于企业用户主导的市场标准化服务模式。

在这种状态下，由于高端装备制造业企业服务化能力低，对于产品的研发和生产能力低，尽管用户企业对市场有着充分的了解和把握，但由于无法得到有效的产品跟进，因此只能通过精准营销将有限产品资源收益最大化。这与第四章的主要区别在于，基于生产领域的产品链条式服务化模式对于市场的

了解不足，因此只能依量取胜，通过大规模产品包装实行无差别供给，但市场标准化服务化模式则恰恰相反，因为对市场需求的精准掌握，在产品规划和设计方面将会做到更有针对性，在营销方面也会更符合终端消费者的消费习惯，并在此基础上引领消费潮流，让消费者的消费体验得到更进一步升级。

本节所提基于用户企业主导的市场标准化服务化模式有三层含义，一是精准化营销，因为用户企业对市场需求和顾客消费特征有着充分的把握，因此可以据此生产特殊的产品并实施精准化营销，从而在有限产品提供的情况下获得满足感；二是服务成为核心，由于高端装备制造业的服务化能力导致无法获得充足的产品供应，故只能以服务为核心；三是引领市场消费的浪潮，用户企业在对市场需求精准把握的基础上进一步深挖用户的潜在需求，其实质是开发产品的功能，即制定新的市场（消费）标准。

二、市场标准化服务化模式的架构

用户企业首先根据对市场需求的充分把握，结合高端装备制造业企业的实际情况进行产品功能的规划和设计，由高端装备制造业企业完成生产后，再由用户企业进行精准化营销，让终端消费者获得深切的服务体验从而获得满足感。在构建"企业—客户"关系后，用户企业进一步了解消费者的需求，并开发新的服务方式，通过投入更多的服务要素抓住这些终端消费者；通过不断开发现有产品的新功能，创造和引领新的消费浪潮，最终成为行业的市场引领者。具体框架如图5-1所示。

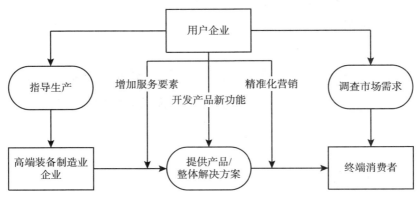

图5-1　基于用户企业主导的市场标准化服务化模式框架

资料来源：笔者自制。

三、市场标准化服务化模式的特征

1. 以客户需求为中心实施精准化营销

这种服务化模式不再以产品为核心，而是以市场和顾客需求为核心，通过分析不同客户的需求，生产可以满足特定需求的产品，再加以精准化营销，尽可能提供最大化服务。同时还可以进行升级，通过充分了解客户需求，为客户提供整体解决方案。

2. 服务成为特色

在产品无法得到满足的情况下，只能依靠服务来实现突破和竞争力提升。在此模式下，企业要完成由"以产品为核心"到"以服务为核心"的转变，最终实现"卖服务"替代"卖产品"。产品只是一个载体，而服务成为最大的特色，服务同产品一样被定价，连同产品一起出售给终端消费者，其中服务在很大程度上增加了产品的无形价值，给用户带去满足感。

3. 开发产品新功能

消费者往往会面临对产品的认知匮乏这一状况，因此在想要通过某种产品获得满足感时，大多是无法充分利用产品的，并且因为对产品的认知匮乏还会造成消费者的想象狭隘。而产品的功能是人赋予的，同时具备无限可能，在产品供应有限的情况下，通过不断挖掘产品的新功能，给消费者带去新的想象空间。用户企业不断挖掘终端消费者的需求，然后结合产品本身开发新的"玩法"，名义上是把产品开发到极致，实则是创造新需求，目的是达到引领需求浪潮的境界。

第二节　基于用户企业主导的市场
标准化服务化模式设计

一、价值主张

与第四章所设计的模式状态不同，本章模式的状态是高端装备制造业企业服务化能力低，表现在高端装备制造业企业资金不足、生产力低下、研发水平弱；而用户企业参与服务化能力高，表现在资金充足、市场开拓和市场经营能力强，所以本章设计的服务化模式是以用户企业为核心，高端装备制造业企业作为辅助角色参与价值共创，因此价值主张的提出者是用户企业。在这种情况下，用户企业针对高端装备制造业企业的实际情况，利用自身具备的优势提出价值主张，主要有以下三个方面。一是针对高端装备制造业产品服务要素不足的问题，高端装备制造业企业服务化能力低，很难在产品流动过程中增加服务要素或开发"产品服务包"，因此用户企业的第一个价值主张就是通过价值共创加强两者的关系，给高端装备制造业企业最可靠的服务投入。用户企业对市场的精准把握，以及根据对目标群体的消费习惯、消费态度以及消费偏好的了解，可以有效实行精准化营销，在产品流通到终端消费者的过程中尽力增加服务的投入，给产品冠以服务要素，推动服务化实现。二是针对高端装备制造业企业产品研发生产不足的问题，高端装备制造业研发生产实力跟不上市场变化，产品难以满足市场的需要，因此用户企业的第二个价值主张就是通过价值共创加强两者的关系，给高端装备制造业企业最高效的资源整合。用户企业对于市场的把握程度可以充分给予高端装备制造业企业以指导，直击消费市场的核心地带或高端装备制造业企业所能满足的市场部分，让高端装备制造业企业可以使自身资源得到最大化开发利用，同时还可以在用户企业的主导下实现技术共享，共同满足市场需求。三是针对高端装备制造业企业产品价值更新不足的问题，高端装备制造业企业存在对市场需求不明确和对产品研发设计实力不足两大问题，消费者的需求变化快于产品更新，导致产品只能被迫跟上市场潮流，因此用户企业的第三个价值主张就是通过价值共创加强两者的关系，给高端装备制造业企业最大化的产品开发。用户企业凭借对市场需求的把握，对市场消费潮流进行预测与引领，开发新的使用功能，创造新的消费文化。

二、价值流通

此模式同样也存在两个方面的价值流通，但由于以用户企业为核心，所以与上一模式的价值流通有所不同。因为本模式是以用户企业为主导，所以主要分析用户企业和其他各参与主体间的价值流通问题。首先是用户企业和高端装备制造业企业间的价值流通问题，用户企业凭借对市场需求的精准把握，对高端装备制造业企业产品生产提出意见和参考。该模式下用户企业的意见十分重要的。市场的信息用户企业可以直接调研，也可以委托中介机构进行调查。高端装备制造业企业完成产品生产后，交付用户企业使用，用户企业针对产品终端消费者消费心理和行为提出精准化营销策略，在此过程中进一步增加服务投入，消费者获得充足的消费体验，用户企业得到反馈，进一步改进产品、开发产品直至引领消费文化，形成一个价值流通闭环。其次是用户企业和政府之间的价值流通，高端装备制造业产品的特殊性决定了部分产品在对外出售时会对用户企业的实际情况进行考察，如卫星、大型货轮、高铁动车等，该产品与用户企业开展贸易活动时，可能需要政府的参与牵引，从而促成战略合作，除此之外还有行业协会，其作为政府与用户企业之间沟通的桥梁，代表用户企业向政府反映诉求，同时也向用户企业传达政府意见，形成两个价值流通的闭环。再次是用户企业与科研组织之间的价值流通，用户企业主导科研组织和高端装备制造业企业在产品研发方面达成合作，同时用户企业与科研组织就产品新功能开发达成合作，三者形成一个价值流通的闭环。最后是用户企业和金融机构与高端装备制造业企业之间的价值流通，同样由用户企业作为主导者引导金融机构对高端装备制造业企业给予资金支持，三者形成一个价值流通的闭环。

三、价值共创实现

在以用户企业主导的服务化模式下，高端装备制造业企业作为辅助角色参与价值共创，为充分发挥用户企业优势，整个服务化模式将围绕市场服务展开。以用户企业为主导，各参与主体围绕用户企业在不同的领域创造价值，并且通过不同的渠道实现各价值的流通，所有要素组合到一起，实现该模式下的价值共创。该模式下的价值流通与价值共创的实现具体如图 5 - 2 所示。

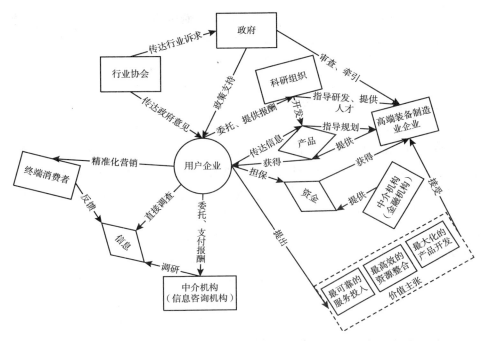

图5-2 基于用户企业主导的市场标准化服务化模式价值流通与价值共创实现

资料来源：笔者自制。

第三节 基于用户企业主导的市场标准化服务化模式运行策略

一、实施精准化营销

精准化营销是指企业在营销时，根据特定目标群体的消费特征，在营销方式和手段上采取差异化策略，从而达到更好的营销效果。企业实施精准化营销的关键在于准确识别目标群体，并精准洞悉目标群体的个性化需求、消费偏好、消费态度、消费习惯、行为特征等因素，然后据此制定有针对性的营销策略。但是本节所设计的服务化模式还要加上对产品的独特设计这一关键环节。用户企业利用其强大的市场调研能力获取市场信息和消费体验反馈，然后传递给高端装备制造业企业，高端装备制造业企业根据需求进行功

115

能和外形的设计研发与生产，用户企业根据消费习惯、特征以及偏好设计营销策略，最终实现更完备的精准化营销。用户企业还可以根据消费者的需求，同高端装备制造业企业联合制定一整套解决方案。

二、构建服务整合数据平台

构建服务整合数据平台有两个方向，一是构建用户企业与多个优势特征不同的高端装备制造业企业的服务整合数据平台，以用户企业为核心整合多家服务化能力弱的高端装备制造业企业的"生产资源"来满足市场的多样化需求。尽管实施精准化营销，可以将有限资源最大化利用，但是对于庞大且复杂的市场和快速增长的市场需求，单纯依靠精准化营销是无法满足的。长尾理论指出将消费需求量小但种类多的市场组合在一起，同样拥有巨大的商机，不容任何经营者忽视，因此用户企业可以通过多方资源整合来满足这部分市场的需求。二是构建用户企业与终端消费者的服务整合数据平台，将现有客户纳入平台当中，不断吸引潜在客户的进入。用户企业通过构建服务整合数据平台，一是可以更好获取消费者的各类信息，便于市场调研和对目标群体消费特征进行分析，及时掌握目标群体的消费需求动态特征，从而及时有效地更改营销策略和服务化策略；二是可以通过平台给消费者提供更便利、更优质的服务，及时获知消费者对服务的态度和对产品的使用体验，从而改进产品。

三、引领消费潮流

消费者的心理活动可以归纳为三种，一是消费者先有需求，然后希望通过产品或服务购买使需求得到满足，这种情况下消费者会根据自身需求考虑购买某种商品或服务；二是消费者有过某方面的需求但此时并没有该方面的需求，在浏览商品时被商品本身或促销活动吸引从而产生购买欲望；三是消费者一直不存在某种需求，在对某商品的认知过程中发现自己存在该方面需求，于是产生购买欲望。针对前两种情况，消费者通过某种产品或服务获得满足感，往往只是实现了产品的核心功能，忽视了产品其他潜在功能，原因在于消费者自身知识有限，对产品认知匮乏，导致消费者对更广泛需求想象的缺失，为此用户企业要引导市场消费向第三种情况靠拢。用户企业要开发产品的新功能，给广大消费者带去新的消费可能和消费体验，从而引领消费潮流。例如智能手机，正是苹果公司引领了这一消费潮流，给消费者带去新的体验感和获得感。用户企业对市场需求的精准把握可以让他们具备更敏感的市场认知，从而成为行业的标杆，被消费者所追捧。

　　综上所述，在高端装备制造业企业服务化能力低、用户企业参与服务化能力高的状态下设计的基于用户企业主导的市场标准化服务化模式运行策略如图5-3所示。

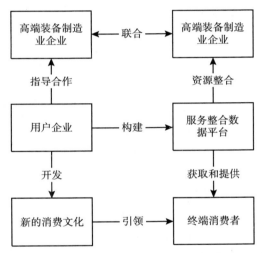

图5-3　基于用户企业主导的市场标准化服务化模式运行策略
资料来源：笔者自制。

第四节　基于用户企业主导的市场标准化
服务化模式运行要点

一、专业的营销服务体系构建

　　构建专业的营销服务体系包括三个方面，一是专业化团队的建立，二是精准的市场定位体系，三是良好的营销环境。精准化营销不同于一般的营销策略，对制订和实施计划的人提出了更高的要求，因此用户企业要建立更加专业化的营销服务团队。团队组织需要具备市场调研能力、信息搜集与分析能力、营销策略制定能力和监管控制与反馈能力，从而在执行人的层面提出更高的要求。要建立精准的市场定位体系，就需要团队组织对消费者、竞争对手、市场等有一个全面的了解，进而综合多方面因素进行分析与筛选和分类，针对不同类型的消费市场提供特殊的产品与服务，从而实现精准的市场定位。精准的市场定位可以帮助用户企业更加有效地实行营销策略，在提高质量和效率的同时降低成本。此外，用户企业还要采取强有力的措施保障精准化营销实施的外部环境良好。首先是搭建通畅的市场调研渠道，方便调研人员更便捷地获取市场动态信息，此时调研得到的信息对于精准化营销策略的制定与实施具有更大的参考价值；其次是构建良好的政策信息获取渠道，及时关注国家相关政策，依据国家法规制定和实施精准化营销策略；最后是构建良好的营销渠道，包括两方面内容，一方面是保障各营销体系之间沟通的渠道，不同地区的精准化营销可以根据地区性质的不同有所差异，但总体营销策略要在一个总的框架范围下，避免多个营销策略产生矛盾，另一方面是保障精准化营销与顾客的对接，及时获知顾客的反馈。

二、大数据分析与利用

加强对两个层级的服务平台的大数据分析与利用。第一，用户企业可以通过大数据平台收集其他高端装备制造业企业的相关信息，通过整合分析判定某个高端装备制造业企业是否可合作、具备何种优势等，为后续的产品研发与设计提供参考，这样不仅可以提高效率，还能减少资源耗费。第二，用户企业可以通过数据平台收集终端消费者的信息，构建智能推荐数据库。从两方面应用智能推荐数据库，一是对已销售产品和具有潜力产品的推荐，主要包括对购买频次多的产品和与之成配套体系的产品，以及与之不同的具有新体验的产品，给顾客提供意见，同时帮助企业制定更优的生产计划；二是对消费者的需求进行智能推荐，尽管实行精准化营销但仍以群体大多数人的消费特征为依据，通过智能推荐数据库用户企业可以更精准地了解目标群体的消费特征，作为精准化营销实施的依据，为终端消费者带去更优质的服务。第三，通过大数据技术不仅可以收集外在的信息，还可以对内部信息进行采集和整合分析，实现更强的资源整合能力，从而提高资源的有效利用率。第四，对营销效果的大数据整合分析，帮助用户企业获知营销的实施效果和存在的不足，对下一步的改进有着重要作用。

三、健全成果转化机制

健全成果转化的机制有两个方面，一是对于其他高端装备制造业企业而言，可以让其更好地实现价值，获得收益，从而鼓励更多的企业参与，这不仅有利于高端装备制造业企业，自身也能获得更多的成果，满足更多的市场，获得更大的收益；二是想要引领消费文化，需要对产品进行功能赋予，是对现有产品的二次开发和对消费市场的重新定义，健全成果转化机制，帮助开发者得到更大便利，例如资源与保障，那么成果转化的效率也就获得提升。

第六章 基于全方位联合的数字
模块化服务化模式

本章首先从内涵、架构及特征角度对基于全方位联合的数字模块化服务化模式进行概括性描述，其次从价值主张、价值流通和价值共创实现三方面进行模式设计，然后提出服务化模式的运行策略，最后提出服务化模式的运行要点。

第一节 基于全方位联合的数字模块化
服务化模式内涵、架构及特征

一、数字模块化服务化模式的内涵

根据第二章的分析，本书认为在高端装备制造业服务化能力高、用户企业参与服务化能力高的状态下，是可以有效进行价值共创的，并且相较前两种状态，该状态无疑是最佳的，因为它可以实现更高层级的价值共创。根据第三章和第四章的内容，高端装备制造业企业服务化能力高，可以有效借助有形产品实行服务化；用户企业参与服务化能力高，可以有效借助无形服务实行服务化，生产领域与销售领域的完美结合使该状态下两个主体充分发挥各自优势，实现更高效的服务化模式。

基于全方位联合的数字模块化服务化模式主要在于两个方面，一是"模块化"，就是把所有领域、环节进行模块化，高端装备制造业企业和用户企业不再围绕一个核心展开价值共创，也不再是某一个高端装备制造业企业和某一个用户企业的主要合作，而是双方"多对多式合作"，即高端装备制造业企业就多领域、多环节和多个不同特点的用户企业展开合作。同样，一个用户企业也可以参与到不同高端装备制造业企业相同或不同的领域中，这样做的目的是打破传统，最大化发挥各自的价值。二是"数字化"，要想实现"模块化"就离不开"数字化"，"数字化"包括网络化和智能化，是协调更是保障。领域和环节的拆分、合作对象的选择与合作、信息的沟通交流、成果利益的分配以及风险问题的解决无一不需要强大的数字技术来支撑。

基于全方位联合的数字模块化服务化模式是高端装备制造业企业和用户企业中的各要素协同在同一个数字网络体系下，通过模块化分工，实现不同主体在不同领域协作共创服务价值。高端装备制造业将服务流程进行拆分，根据各流程的特点，选择具备优势的用户企业就某一环节进行合作；同样用户企业可以根据自身的优势参与到不同高端装备制造业企业的某个环节，这就是服务流程的模块化。但是模块化也会带来一系列问题，例如流程的拆解、对象的挑选、合作信息的沟通交流等。通过数字网络把这些分散的模块联合起来，实现不同功能的发挥。因此该模式下"模块"和"数字"不可或缺，"模块"是核心，"数字"是保障。

二、数字模块化服务化模式的架构

此模式下高端装备制造业企业和用户企业的能力、优势得到充分发挥，由此可以实现更加全面、更具深度的价值共创。在该模式下，高端装备制造业企业和用户企业的价值共创不再以某一参与主体为主导，而是以各环节为主体，高端装备制造业企业和用户企业就该服务模块进行深度合作，各自发挥优势。

将服务流程划分为不同的服务模块，包括生产服务模块（价值产生）、运输服务模块（价值流动）、使用服务模块（价值实现）以及其他附加服务模块。高端装备制造业企业和用户企业作为主要的参与者参与到各服务模块当中，其他服务化系统要素各自发挥优势参与到不同的服务模块当中，通过数字网络技术对各模块进行智能联动和资源协调，保障服务化实现。具体如图6-1所示。

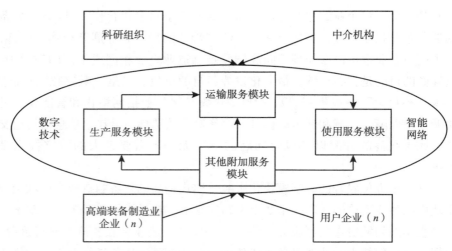

图 6 - 1   基于全方位联合的数字模块化服务化模式框架

资料来源：笔者自制。

三、数字模块化服务化模式的特征

1. 服务模块化

在该模式下，通过对服务流程和环节的拆分，可以实现模块化服务。高端装备制造业企业将产品转移到各环节拆分成具备不同功能的服务模块，各模块保持相对独立。当需要完成某个目标任务时则将相应的模块进行有机组合，从而达成目标。各模块之间的组合具有独立性、动态性和整合性。各模块独立发展，随着客户需求的变化，对各服务模块进行相应调整，从而实现动态性。

2. 敏捷与高效

通过数字网络技术可以实现服务模块的精准拆解与高效联动。依据功能实现，数字智能化可以将多个服务模块快速组合，实现服务的便捷、及时、准确和有效供给。各参与主体在数字网络链接下，实现资源共享、优势互补和高度集成，同时面向终端用户建立深度交互、合作频繁的数字网络，掌握用户动态信息，洞悉客户需求，实现精准服务、即时服务，从而实现敏捷与高效。模块化实现了专业化分工，专注于流程的某一环节，一是可以充分发挥特殊优势，二是资源得到更加细化的利用，对环节的深度认知和对功能效率的提升可以做到精益求精，从而实现效率的大幅提升。

第二节　基于全方位联合的数字模块化服务化模式设计

一、价值主张

在该状态下,高端装备制造业企业服务化能力高,表现为资金充足、研发水平高、资源整合能力强;用户企业参与服务化能力高,表现在市场调研能力、市场经营能力和服务创新能力强。高端装备制造业企业研发水平高,可以不断开发新产品,满足市场多变的需求,同时用户企业市场经营能力强,对市场需求的洞察力高,可以快而准地把握市场消费倾向,而这无疑是产品研发生产最好的规划和指导,于是便有了全方位联合,因此该模式下高端装备制造业企业和用户企业通过价值共创实现服务化没有主导和辅助之分。虽然两者都具备较强的实力,但侧重点不同,且不能完全覆盖业务全流程,所以高端装备制造业企业和用户企业在不同环节展开合作,尽力实现最大化共赢,这便是该服务化模式的总价值主张。价值主张并非由高端装备制造业企业或用户企业提出,而是一种自发吸引和推动两者深度合作的价值认同,所以对于该模式的价值主张提出应站在更高层面去解析,本书构建智能元。智能元是该模式的核心,指挥和调度参与价值共创的各主体及其他各类资源。智能元能够洞察高端装备制造业企业存在对市场需求变化洞察力不足的问题以及用户企业存在无法研发生产有效产品的问题,于是便将两者有机联合,互为补充。但这只是最初的形态,为了将效益扩大化,将有利于合作发展的要素纳入体系中作为辅助。但这也并非最完美,于是智能元纳入更多的高端装备制造业企业和用户企业,并且将高端装备制造业企业和用户企业进行环节拆解,通过实现不同环节、不同主体的合作,进一步实现最大化共赢。用智能元揭示,一是因为智能元是该服务化模式不可缺失的关键,二是因为智能元具备先进、智能等特征,智能元预测的最终走向即被认为是服务化模式未来不断发展演变的方向,也是指导服务化模式的最终发展轨迹。

二、价值流通

该模式下的价值流通与前两个模式的价值流通有着较大差别，前两种价值流通依托产品在各环节和在不同参与主体间的价值流通，且环节间、各主体间的价值流通形成闭环，但该模式下的价值流通均围绕智能元流通，价值流通呈环状向外发散又向内收敛，各环节、各主体作为价值流通的节点存在。具体来说该模式下的价值流通体系主要有如下三层。一是智能元，作为环状中心也是第一层，是价值向外散发的起点，同时也是价值向内汇集的集终点。智能元充当大脑的角色，对整个体系的运行进行总体调控，主要涉及环节的划分拆解以及组合、资源的调配、主体间的合作等，保证整个体系有序高效。二是环节层，主要依托产品流动环节进行设计，把产品规划设计、研发生产、仓储、运输、交付、安装、使用、维修和回收等各环节独立成模块，并且首尾相连形成第二层，同时也是核心层。在该层价值有三个流动方向，首先是环节层向中心层的价值流动，为各类信息反馈，中心层接收反馈信息后传达指令，指导环节层运行，所以环节层同时也是中心层的价值接收者；其次是环节层与第三层之间的价值流动，环节层向第三层传输的也是各类信息，第三层各主体接收反馈发出指令，从而推动产品在各环节发生转移；最后是该层环状内流动，依托产品在各环节的流动带动价值的转移，承接中心层和第三层汇入的价值，带动整个体系价值的流通，而这实质上也是整个体系运转的核心。三是主体层间的价值流通，每个主体发挥自我优势形成价值的向外传输，同时接收其他主体传达的价值，彼此交互、合作发展。

三、价值共创实现

在该模式下，所有参与主体在智能元的引导下实现创新型合作，加强合作深度，释放各自的优势特点，让合作变得更高效，实现成果效益最大化。智能元起到一切运行的中枢作用，对主体和资源进行调控，各参与主体作为主要推动力量，推动产品在环节层产生价值，同时使价值流通，保证整个体系的运行，这便是该服务化模式的价值共创实现逻辑，具体如图6-2所示。

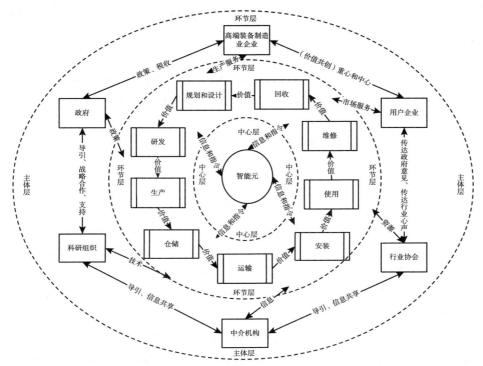

图 6 – 2　基于全方位联合的数字模块式服务化模式价值流通与价值共创实现
资料来源：笔者自制。

第三节　基于全方位联合的数字模块化
服务化模式运行策略

一、基于数字网络进行业务流程再造

该模式的核心在于"模块＋数字"。不同于传统的服务化流程，因为数字网络技术的应用，传统的业务流程已经不再适用于当下的模式，因此需要对业务流程进行优化和再造。因为对环节进行了模块化拆解，以模块为单位进行价值共创，所以该模式下高端装备制造业企业和用户企业的价值共创相较于其他模式在广度和深度方面更胜一筹，可谓真正意义上的全方位开展，但同时该服务化模式也将引发涉及模块多、资源整合程度高、各主体合作频繁的现象发生。服务化流程多而繁杂，各环节又有着很大的不同，此时采用传统的统一化管理模式不利于各环节发展，且在管理上会形成困难，所以对于业务流程优化和再造是极为重要和必要的。将服务流程按环节进行模块化拆解，根据相应的模块制定专属的管理架构，再针对子组织构建更大一级的管理机构，不仅有利于各环节独立发展，还可以高效运行。

二、模块化分解与整合

服务流程与环节模块化梳理完成后，高端装备制造业企业要对各模块进行优势评价，通过与其他主体合作使重要资源流向关键核心优势地带，最大限度地发挥自我优势，促进服务化水平进一步提高。将服务流程模块化除了可以更好利用资源和能力优势，还可以最大限度与用户企业实行价值共创，从而更好进行服务化。高端装备制造业企业和用户企业可以按环节进行价值共创，这样做是因为不同用户企业的核心能力不同，有些在研发设计方面很有优势，有些掌握强大运输网，通过与不同用户企业的合作，既保证了用户企业的能力得以充分发挥，也减轻了合作压力，更提高了价值共创的效果。模块化分解是为了让各环节得以充分发展，但是对于用户需求的解决，还需要多个模块通力合作、相互配合方能完成，因此还要针对不同的任务，进行相应的功能整合。

三、建立智能中枢系统

建立智能中枢作用有四个方面，一是智能中枢系统不但可以完成对服务流程的分解与整合，还可以在线监测，实现统一调控；二是智能中枢可以将所有信息汇总然后将其作为发展战略制定的依据和行为决策的参考，便于对各模块下达指令；三是智能中枢系统可以让决策者对整个运作有一个清晰的把握，对资源作出分配，进一步提升资源整合能力；四是智能中枢系统可以作为平台对接想要参与的来访者，并对已经参与其中的主体进行智能监控和辅助。

综上所述，在高端装备制造业企业服务化能力高、用户企业参与服务化能力高的状态下，设计基于全方位联合的数字模块化服务化模式运行策略如图 6 – 3 所示。

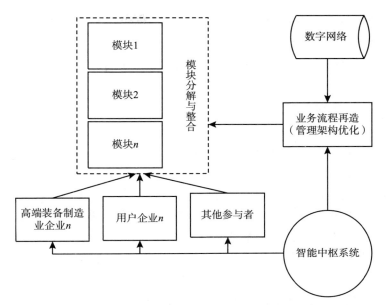

图6-3　基于全方位联合的数字模块化服务化模式运行策略

资料来源：笔者自制。

第四节　基于全方位联合的数字模块化 服务化模式运行要点

一、提升协同能力

在该模式下，高端装备制造业企业和用户企业的价值共创达到一种空前的高度，并且还有其他如科研组织、中介机构等参与其中。不同主体的合作方式、合作内容和合作深度对整体价值共创的实现以及服务化模式的实施都有不同程度的影响，因此对于各参与主体而言，超高的协同能力是极为重要的。因此，各参与主体要不断提升和完善同其他主体协作的能力，从而实现总体共生演进。为此要制定合作机制，例如资源的共享方式、机密信息的共享程度、风险预警等，在合作初期通过制定相应的制度保障合作的进行，有效提升各主体的协同能力。此外，模块化运作是为了最大限度地开发优势，有针对性地对各环节进行理论指导和资源输送，但是用户的需求以及服务化的实行依靠单个模块是无法解决的，需要多个模块共同发挥作用，而这对各模块之间的协同能力也提出了更高要求，如何快速响应、高效搭配、快速发挥作用等都需要不断提升协同能力，才能保证完成得更好。

二、完善利益分配机制

高端装备制造业企业和用户企业通过价值共创实现服务化，因此利益既是驱动，也是最终目的。决定高端装备制造业企业和用户企业通过价值共创实行服务化能否成功以及效果如何，主要在于利益分配机制是否公允，所以完善利益分配机制具有重大意义。在该模式下，合作的深度与广度是前两种模式所不具备的，因此更有利于服务化的发展，但也引发了合作复杂的问题，最直接的表现就是"难以分解、难以分辨"。由于合作过深导致价值共创的主体模糊，对于利益产生的来源难以辨清，传统的"按劳分配"或"按风险分配"等分配机制已经不再适用，所以要制定新的利益分配机制，并在过程中不断完善。为此可以对过程进行动态调查和实时监督，及时收集各主体的相关信息，了解其真实想法，通过反馈信息获取相关情报，据此建立新的利益分配机制。同时获取评价信息分析当前的利益分配机制存在的不足，并针对不足之处和参与主体的建议及时改进。只有通过这种不断完善的方式，才能让利益分配机制越来越公允，符合用户需要。

第七章 价值共创视角下中国高端装备制造业服务化模式选择

本章将价值共创视角下中国高端装备制造业服务化模式选择分成三个步骤，首先介绍服务化模式的选择依据，其次根据服务化模式选择依据进行服务化模式选择指标的设计，最后通过数学模型依据指标进行状态界限确认，为服务化模式选择提供理论依据。

第一节 中国高端装备制造业服务化模式选择依据

一、高端装备制造业企业服务化能力

根据第二章基于扎根理论方法对价值共创视角下中国高端装备制造业服务化机理的理论研究所得，高端装备制造业企业服务化能力包括三个方面，分别是高端装备制造业企业服务化基础能力、高端装备制造业企业服务化核心能力和高端装备制造业企业服务化拓展能力。

1. 高端装备制造业企业服务化基础能力

高端装备制造业企业服务化基础能力从五个方面反映。一是研发水平，高端装备制造业是一个技术复杂、知识密集度高的行业，该行业的发展需要大量的科技研发投入。二是资金水平，高端装备制造业企业发展过程中需要投入大量资金以供研发需要，研发的投入周期长且数额较大。三是人力资本水平，人才是一个企业发展的根本和核心，实行服务化所需要的人才要比以往有着更高质量要求。四是企业家精神，其实质就是企业领导者的性格、思

维和观念，企业领导者是企业发展方向的引领者，企业领导者的精神品质往往决定了企业的发展方向和发展高度。五是企业的地理位置，不同地区的政治、经济、科技和社会文化环境不同，对于企业的发展会产生较大影响。

2. 高端装备制造业企业服务化核心能力

高端装备制造业企业服务化核心能力从四个方面反映。一是资源整合能力，良好的资源整合能力可以让企业对有限资源进行充分利用，产生最大收益。二是自主技术创新能力，高端装备制造业的行业特征决定了其发展离不开技术的进步，因此企业具备自主技术创新能力可以实现技术的不断进步和研发的不断创新，从而保持技术的先进性和发展活性。三是服务创新能力，高端装备制造业企业实行服务化是一个全新的发展战略，并且周期较长，因此服务化也需要不断创新。四是信息沟通能力，通过与其他参与主体实行价值共创来实现服务化，与其他参与者的合作沟通是必不可缺的，高效的信息沟通能力可以让合作变得更加顺畅，有效沟通可以减少误差。

3. 高端装备制造业企业服务化拓展能力

高端装备制造业企业服务化拓展能力从两个方面体现。一是对产品的了解程度，即对产品所能满足市场需求点的了解，因此对产品的了解程度决定了未来的发展方向和合作程度。二是政策了解情况，政策了解情况对企业发展战略的制定有很大影响，尤其是高端装备制造业行业，受政策影响较大。

综上所述，高端装备制造业企业服务化能力反映情况如图7-1所示。

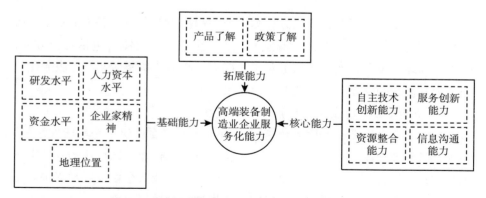

图7-1　高端装备制造业企业服务化能力反映情况

资料来源：笔者自制。

二、用户企业参与服务化能力

根据第二章扎根理论研究所得，用户企业参与服务化的能力包括三个方面，分别是用户企业参与服务化的基础能力、用户企业参与服务化的核心能力和用户企业参与服务化的拓展能力。

1. 用户企业参与服务化的基础能力

用户企业参与服务化的基础能力从四个方面体现。一是人力资本水平，价值共创下需要用户企业参与到生产环节，这对用户企业来说是一种新的挑战，意味着新的架构和新的组织人才需要。二是资金水平，实行服务化需要更多要素投入，需要大量资金支出。三是地理位置，地区的资源、环境造就了不同的发展机会，此外不同地区的高端装备制造业企业分布和科研组织等其他参与者的分布，让不同地区的用户企业在实行价值共创时存在不一样的选择。四是企业家精神，不同的企业家精神表现出不同的领导品质，对用户企业来讲，参与价值共创对自身发展战略的变革是巨大的，需要企业家具备更大的冒险精神。

2. 用户企业参与服务化的核心能力

用户企业参与服务化的核心能力从四个方面体现。一是市场调研能力，对市场进行调研与分析，才能对群体进行目标划分，对目标群体的需求、消费习惯、偏好等有所认知。二是市场开拓能力，这里包含两层含义，一方面是前期的市场开拓，实现从无到有，另一方面是在企业发展到一定阶段的开拓，而像这样的开拓企业会面临很多次，每一次开拓都意味着面临新的挑战、新的发展方向和新的投入，所以开拓成功与否对企业的发展有巨大影响，通过价值共创实现服务化对于用户企业来说可谓是一次新的开拓。三是市场反馈能力，市场反馈是对用户企业经营成果的评价，例如产品的质量、服务的质量等，是企业进步的重要参考。四是市场售后能力，市场售后可以让消费者的问题得到及时解决，从而加大服务化要素投入，提升顾客满意度、增强顾客忠诚度。

3. 用户企业参与服务化的拓展能力

用户企业参与服务化的拓展能力从两个方面体现。一是服务创新能力，实行服务化是一个漫长的过程，所以用户企业需要服务创新能力保持服务化活力。二是信息沟通能力，高超的信息沟通能力可以让合作变得顺畅高效。

综上所述，用户企业参与服务化能力反映情况如图 7 - 2 所示。

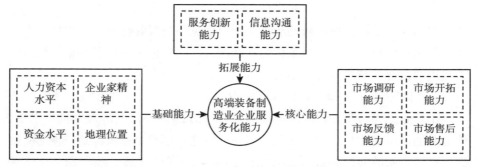

图 7 - 2   用户企业参与服务化能力反映情况

资料来源：笔者自制。

第二节   中国高端装备制造业服务化模式选择指标设计

一、指标设计原则

评价指标体系的构建应在科学理论的指导下，遵从客观规律，运用科学方法进行程序和标准的制定，并依此进行实际操作。主要包括以下 5 个原则。

1. 目的性原则

对于任何评价目标，评价指标都应当是评价目标的具体化描述，例如想要评价某一个企业的发展情况，那么所选的评价指标应能够准确刻画和体现企业的发展情况。以企业绩效指标为例，其值可以替代或表征企业的发展情况。因此，评价指标要能真切体现和反映出评价的目的，并涵盖为实现评价目标所需的基本内容。

2. 系统性原则

评价指标体系是对评价对象待评价特征的全面描述。在构建评价指标体系时，要有系统性思维，对评价对象的待评价特征进行系统性的结构拆解，针对拆解后的各部分特征采取相应指标进行评价，保障评价指标体系多维度、多层面地反映出评价对象的特征。

3. 独立性原则

独立性原则是指评价指标体系当中的各指标在充分反映评价对象待评价特征的基础上，尽可能保持相互独立。其中同一指标下的次级指标内涵清晰，相互之间不重叠、不矛盾、不互为因果关系，这些次级指标与该指标之间具有充分的隶属关系，同时这些次级指标与其他上一层级指标之间不具有任何关系。

4. 可实现性原则

可实现性原则是指指标数值的可获得性以及指标数值获得的低成本性。对于评价指标体系当中的所有指标，无论是计算得到数值的定量指标还是通过主观赋予数值的定性指标，在指标数值获取过程中都是可采集或可赋予的，否则该指标无意义。在给指标赋值的过程中，对于指标数值采集的成本与难度问题，不能从理论层面讲某一指标是可测的，花费巨大成本才能获得指标数值也是不可行的。

5. 显著性原则

显著性原则是指某一指标确实可以在一定程度上反映评价对象的特征，如反映程度很小，那么该指标则不予采纳。指标过多会对指标数据采集工作造成麻烦，因此为了减少这种"低性价比"的资源浪费，选取可以显著反映评价对象特征的关键指标。

二、高端装备制造业企业的服务化能力衡量指标

根据本章第一节选择依据的分析，虽然分析了不同的企业家精神对于企业的发展方向和发展水平会产生的影响，但是鉴于企业家精神无法衡量，且无法准确判断何种企业家精神对于当前价值共创最有利，因此根据指标设计原则，不考虑企业家精神作为评价指标。因此，结合相关研究将依据高端装备制造业企业服务化基础能力、核心能力和拓展能力三大方面以及 8 个一级评价指标构建评价指标体系。

（1）研发水平：根据李烨等（2017）的观点，本书以研发效率和研发经费支出作为企业研发水平的评价指标，通过数据包络分析法（data envelopment analysis，DEA）测度产出指标（发明专利授权数）和投入指标（研发经费内部支出、研发人员数量）的比率作为研发效率的数值，研发经费支出则直接获取；

（2）资金水平：根据谷增军（2016）的观点，企业的资金水平由企业的

营运资金表示，企业的营运资金是企业流动资产总额减去企业流动负债总额；

（3）人力资本水平：借鉴张玉臣等（2017）的观点，以科研人员占比和高水平人员占科研人员比重表征人力资本水平；

（4）地理位置：本书考虑用各省份高端装备制造业企业数量、科研组织数量和金融机构数量表示某一企业所处地区的优势性，将其作为对地理位置的衡量；

（5）资源整合能力：根据段姗（2018）的观点，将企业的资源整合能力划分为四个维度，分别是资源识别、资源获取、资源配置和资源利用，并通过问卷调查的方法获取数据；

（6）自主技术创新能力：本书借鉴曹洪军等（2009）和张俊熠（2013）的观点，构建了自主技术创新能力评价体系：研究与发展（research and development，R&D）经费增长率、每年申请专利数、企业每年创新成果产生的收入、每年引进技术专利数、每年消化吸收引进技术的费用支出；

（7）服务创新能力：本书借鉴陶颜（2014）等的观点，构建服务创新能力评价体系：服务开发能力、服务生产能力、服务营销能力和组织支持能力；

（8）信息沟通能力：本书借鉴曾雪云等（2021）的观点，以信息生成、信息传播和信息响应构建企业信息沟通能力评价体系。

产品了解和政策了解作为高端装备制造业企业服务化拓展能力，在一定程度上会对企业服务化发展产生影响，但这两个评价指标数据不易获取，较难衡量，因此不纳入评价指标体系。

综上所述，高端装备制造业企业服务化能力评价指标体系如表7-1所示。

表7-1　　　　高端装备制造业企业服务化能力评价指标体系

	指标（一级）	测量指标（二级）	属性	采集方式
高端装备制造业企业服务化能力评价指标体系 X	研发水平 X_1	研发效率 X_{11}	定量	直接计算
		研发经费支出 X_{12}	定量	直接计算
	资金水平 X_2	营运资金 X_{21}	定量	直接计算
	人力资本水平 X_3	科研人员占比 X_{31}	定量	直接计算
		高水平人员占科研人员比重 X_{32}	定量	直接计算
	地理位置 X_4	高端装备制造业企业数量 X_{41}	定量	直接计算
		科研组织数量 X_{42}	定量	直接计算

指标（一级）	测量指标（二级）	属性	采集方式
地理位置 X_4	金融机构数量 X_{43}	定量	直接计算
资源整合能力 X_5	资源识别 X_{51}	定性	问卷调查
	资源获取 X_{52}	定性	问卷调查
	资源配置 X_{53}	定性	问卷调查
	资源利用 X_{54}	定性	问卷调查
自主技术创新能力 X_6	R&D 经费增长率 X_{61}	定量	直接计算
	每年申请专利数 X_{62}	定量	直接计算
	企业每年创新成果产生的收入 X_{63}	定量	直接计算
	每年引进技术专利数 X_{64}	定量	直接计算
	每年消化吸收引进技术的费用支出 X_{65}	定量	直接计算
服务创新能力 X_7	服务开发能力 X_{71}	定性	问卷调查
	服务生产能力 X_{72}	定性	问卷调查
	服务营销能力 X_{73}	定性	问卷调查
	组织支持能力 X_{74}	定性	问卷调查
信息沟通能力 X_8	信息生成 X_{81}	定性	问卷调查
	信息传播 X_{82}	定性	问卷调查
	信息响应 X_{83}	定性	问卷调查

注：最左侧一列合并单元格内容为"高端装备制造业企业服务化能力评价指标体系 X"。

资料来源：笔者自制。

三、用户企业参与服务化能力衡量指标

根据本章第一节选择依据的分析，结合相关研究将从用户企业参与服务化基础能力、核心能力和拓展能力三大方面以及 9 个一级评价指标构建评价指标体系（由于无法准确明晰何种企业家精神利于价值共创且难以衡量，因此对于用户企业本书同样不考虑企业家精神这一指标）。

（1）人力资本水平：在考虑用户企业人力资本时，本书借鉴赵领娣等（2016）的观点，计算各用户企业人员平均受教育年限表征其人力资本水平；

（2）资金水平：借鉴谷增军（2016）的观点，用户企业的资金水平由用户企业的营运资金表示，用户企业的营运资金是用户企业流动资产总额减去用户企业流动负债总额；

（3）地理位置：用户企业考虑地理位置时主要涉及两个因素，一是该地区高端装备制造业企业数量，二是根据飞机客运量和高铁客运量指标，二者共同构成对用户企业地理位置的评价；

（4）市场调研能力：根据调研的过程与目的，可以将市场调研能力划分为三个部分，调研设计、信息搜集与资料分析；

（5）市场开拓能力：本书以市场时机选择能力和新拓市场发展潜力作为对用户企业市场开拓能力的评价；

（6）市场反馈能力：本书从市场反馈机制设立、市场反馈信息收集以及市场反馈问题处理三个方面评价用户企业的市场反馈能力；

（7）市场售后能力：本书从售后渠道建设、售后问题响应以及售后顾客满意度三个方面评价用户企业的市场售后能力；

（8）服务创新能力：和上文分析相同，对于用户企业同样从服务开发能力、服务生产能力、服务营销能力和组织支持能力四个方面评价用户企业的服务创新能力；

（9）信息沟通能力：从信息生成、信息传播和信息响应三个方面构建用户企业信息沟通能力评价体系；

综上所述，用户企业参与服务化能力评价指标体系如表7-2所示。

表7-2　　　　　　　　用户企业参与服务化能力评价指标体系

	指标（一级）	测量指标（二级）	属性	采集方式
用户企业参与服务化能力评价指标体系 Y	人力资本水平 Y_1	用户企业人员平均受教育年限 Y_{11}	定量	直接计算
	资金水平 Y_2	营运资金 Y_{21}	定量	直接计算
	地理位置 Y_3	地区高端装备制造业企业数量 Y_{31}	定量	直接计算
		地区飞机客运量和高铁客运量 Y_{32}	定量	直接计算
	市场调研能力 Y_4	调研设计 Y_{41}	定性	问卷调查
		信息搜集 Y_{42}	定性	问卷调查
		资料分析 Y_{43}	定性	问卷调查
	市场开拓能力 Y_5	市场时机选择能力 Y_{51}	定性	问卷调查
		新拓市场发展潜力 Y_{52}	定性	问卷调查
	市场反馈能力 Y_6	市场反馈机制设立 Y_{61}	定性	问卷调查
		市场反馈信息收集 Y_{62}	定性	问卷调查
		市场反馈问题处理 Y_{63}	定性	问卷调查

指标（一级）	测量指标（二级）	属性	采集方式
用户企业参与服务化能力评价指标体系 Y	市场售后能力 Y_7	售后渠道建设 Y_{71}	定性	问卷调查
		售后问题响应 Y_{72}	定性	问卷调查
		售后顾客满意度 Y_{73}	定性	问卷调查
	服务创新能力 Y_8	服务开发能力 Y_{81}	定性	问卷调查
		服务生产能力 Y_{82}	定性	问卷调查
		服务营销能力 Y_{83}	定性	问卷调查
		组织支持能力 Y_{84}	定性	问卷调查
	信息沟通能力 Y_9	信息生成 Y_{91}	定性	问卷调查
		信息传播 Y_{92}	定性	问卷调查
		信息响应 Y_{93}	定性	问卷调查

资料来源：笔者自制。

四、数据的采集及处理

1. 数据采集来源

高端装备制造业企业服务化能力评价指标体系和用户企业参与服务化能力评价指标体系都含有定量指标和定性指标，对于两个评价指标体系当中的定量指标，指标数值来自《中国工业统计年鉴》《中国科技统计年鉴》《中国统计年鉴》、各省市统计年鉴、上市企业年报以及非官方数据库等；对于两个评价指标体系当中的定性指标，则主要通过问卷调查的方式获得，问卷信息详见附录2和附录3。

2. 数据标准化处理

对于数据标准化处理同样存在定量指标和定性指标之分，其中定量指标数据标准化处理又有正向指标和负向指标之分，对于正向指标，采用式（7-1）：

$$\begin{cases} x_{\max}^* = \max_{1 \leqslant i \leqslant m} x_{ij} \neq 0 \\ y_{ij} = \dfrac{x_{ij}}{x_{\max}^*} \end{cases} \qquad (7-1)$$

对于负向指标，采用式（7-2）：

$$\begin{cases} x_{\min}^{*} = \min_{1 \leqslant i \leqslant m} \neq 0 \\ y_{ij} = \dfrac{x_{\min}^{*}}{x_{ij}} \end{cases} \qquad (7-2)$$

x_{ij}为第 i 个企业的第 j 个指标值，y_{ij}表示第 i 个企业的第 j 个指标标准化值。

对于定性指标，首先依据李克特五级量表（Likert 5 Point Scale）方法进行问卷设计，获得测量指标的评价值，其次通过式（7-1）或式（7-2）进行标准化处理得到该测量指标的标准化数值，最后与二级指标权重结合得到一级指标的标准化值。

五、指标权重设计

1. 定量指标：对于二级定量指标采用改进的灰色关联分析法确定其权重，具体步骤如下：

（1）对于 n 个企业 p_n、m 项指标 x_m，每一项指标生成一个对象序列，记为 $x_j^{(p)} = (x_j^{(p_1)}, x_j^{(p_2)}, \cdots, x_j^{(p_n)})'(j = 1, 2, \cdots, m)$，$x_j^{(p_n)}$ 表示第 n 个被评价对象 p_n 关于指标 x_j 的量值，一共生成 m 个对象序列；

（2）对 $x_1^p, x_2^p, \cdots, x_m^p$ 进行标准化，得到 $\theta_j^p = (\theta_j^{p_1}, \theta_j^{p_2}, \cdots, \theta_j^{p_n})'(j = 1, 2, \cdots, m)$；

（3）以 θ_1^p 为母序列，$\theta_2^p, \cdots, \theta_m^p$ 为子序列，令：

$$\eta_{ij} = \frac{\min\limits_{i} \min\limits_{j} |\theta_1^{(p_i)} - \theta_j^{(p_i)}| + \rho \max\limits_{i} \max\limits_{j} |\theta_1^{(p_i)} - \theta_j^{(p_i)}|}{|\theta_1^{(p_i)} - \theta_j^{(p_i)}| + \rho \max\limits_{i} \max\limits_{j} |\theta_1^{(p_i)} - \theta_j^{(p_i)}|},$$

$$(i = 1, 2, \cdots, m; j = 1, 2, \cdots, n,) \qquad (7-3)$$

η_{ij}为子序列 $\theta_j^{(p)}$ 与母序列 $\theta_1^{(p)}$ 在第 p_i 个分量处的相对差值，表示序列 $\theta_j^{(p)}$ 对序列 $\theta_1^{(p)}$ 关于第 p_i 个分量的关联系数。ρ 为分辨率，通常在 $[0, 1]$ 中选取。依次计算所有子序列 $\theta_2^p, \cdots, \theta_m^p$ 对母序列 $\theta_1^{(p)}$ 关于各分量的关联系数，得到灰色关联系数矩阵 η，如式（7-4）所示。

$$\eta = \begin{bmatrix} \eta_{12} & \eta_{13} & \cdots & \eta_{1m} \\ \eta_{22} & \eta_{23} & \cdots & \eta_{2m} \\ \cdots & \cdots & \cdots & \cdots \\ \eta_{n2} & \eta_{n3} & \cdots & \eta_{nm} \end{bmatrix} \qquad (7-4)$$

灰色关联度 $\varepsilon_{ij} = \dfrac{1}{n}\sum\limits_{i=1}^{n}\eta_{ij}$，$(j=2,\cdots,m)$，表示子序列 $\theta_j^{(p)}$ 与母序列 $\theta_1^{(p)}$ 的关联程度，以此表示指标 x_1 对 x_j 的影响；

（4）遵照（3）分别以 θ_2^p，$\cdots$，θ_m^p 中每一个序列为母序列，其余序列为子序列，计算灰色关联度，结合（3）$\theta_1^{(p)}$ 为母序列所得结果，共得到 $(m-1)\times m$ 个关联度，生成 m 阶的关联度方阵 ψ，如式（7-5）所示。

$$\psi = \begin{bmatrix} - & \varepsilon_{12} & \cdots & \varepsilon_{1m} \\ \varepsilon_{21} & - & \cdots & \varepsilon_{2m} \\ \cdots & \cdots & - & \cdots \\ \varepsilon_{m1} & \varepsilon_{m2} & \cdots & - \end{bmatrix} \qquad (7-5)$$

（5）对关联度方阵 ψ 中的第 i 行累加求和得到 $\psi_i = \sum\limits_{j=1}^{m-1}\varepsilon_{ij}$，$(i=1,2,\cdots,m)$ 表示指标 $x_i(i=1,2,\cdots,m)$ 在整个指标体系中的重要程度。

对 ψ_i 进行归一化处理 $w_i = \dfrac{\psi_i}{\sum\limits_{i=1}^{m}\psi_i}$，$(i=1,2,\cdots,m)$，则 w_i 为指标 x_i 的权重，m 项指标的权重向量为 $w=(w_1,w_2,\cdots,w_m)$。

2. 定性指标：对于二级定性指标则采用主观赋权法——G1赋权法。G1赋权法是基于层次分析法（analysis of hierarchy process，AHP）改进的一种新的指标赋权方法，其主要步骤如下：

（1）从待评价的指标集中选出最不重要或最重要的指标，记为 X_i；

（2）从余下待评价指标集中选出最不重要或最重要的指标，记为 X_j；

（3）重复上述步骤直至所有指标参与排序，得到待评价指标集的唯一序关系 $X_i > X_j > \cdots > X_k(i,j,k\in\{1,2,\cdots,n\})$，最后再确定各相邻指标间的相对重要程度。相邻指标 X_{k-1} 和 X_k 间的重要程度需要人为赋予，用数学关系表示为 $r_k = w_{k-1}/w_k$，式中 w_k 为第 k 个指标的权重系数，且 $k=2$，3，$\cdots$，n。这样就可以根据之前确定的序关系计算出各指标的重要程度。通常，可以取最次要指标 $r_m=1$。本书所采用的指标权重比较规则如表 7-3 所示。

表 7 - 3 指标权重比较规则

r_k	规则
1.0	指标 X_{k-1} 与 X_k 同样重要
1.2	指标 X_{k-1} 比 X_k 稍微重要
1.4	指标 X_{k-1} 比 X_k 明显重要
1.6	指标 X_{k-1} 比 X_k 强烈重要
1.8	指标 X_{k-1} 比 X_k 极度重要
1.1、1.3、1.5、1.7	介于两者之间

资料来源：蔡三发，李珊珊. 基于灰色关联分析的制造业服务化水平评估体系研究［J］. 工业工程与管理，2016，21（6）：1 - 9.

由此得出如下结论：

$$\begin{cases} r_{k-1} \geqslant r_k \\ w_n = \left[1 + \sum_{k=2}^{n} \prod_{i=k}^{n} r_i \right]^{-1} \\ w_{k-1} = r_k w_k \end{cases} \quad (7-6)$$

式（7 - 6）中，$k = n$，$n - 1$，$\cdots$，2。那么各指标的权重系数向量则可以表示为 $w = (w_1, w_2, \cdots, w_n)$。

因为二级指标已被赋值，并且获得相应权重，那么可通过计算得到对应一级指标的数值，因此对于所有一级指标来讲都变为"定量指标"，但即使如此，也无法采用客观赋权的方法赋予一级指标权重，这时各指标发挥的作用是不一样的，并且因在前文做了基础能力、核心能力和拓展能力的区分，故对于一级指标只能采用主观赋权的方法，即 G1 赋权法。

第三节 中国高端装备制造业服务化模式选择界限设计

一、模式界限分割方法设计

本书拟采用聚类分析法进行模式界限分割点的确认，结合本书的研究特征，采用 K-means 聚类分析法，具体算法如下：

簇的质心由式（7 - 7）求得：

$$Z_j = \frac{1}{N_j} \sum_{x \in W_j} X \quad (7-7)$$

其中，N_j 表示属于 W_j 类的数据点的个数，Z_j 表示某个簇的所有点的算术平均值，即该簇的质心。

对象到质心的距离一般采用欧氏距离，两个数据点 x_i、x_j 之间的欧氏距离如式（7-8）所示。

$$d(x_i, x_j) = \sqrt{\sum_{y=1}^{n}(x_{iy} - x_{jy})^2} \qquad (7-8)$$

传统 K-means 算法对初始聚类敏感，容易造成聚类结果波动较大，因此本书采用改进后的聚类分析法，具体步骤如下：

（1）计算任意两个数据对象间的距离：$d(x_i, x_j)$；

（2）计算每个数据对象的密度参数（含有相同数目数据点的圆的半径），把处于低密度区域的点删除，得到处于高密度区域的数据对象的集合 D；

（3）把处于最高密度区域的数据对象作为第一个中心 Z_1；

（4）把 Z_1 距离最远的数据对象作为第二个初始中心 Z_2，$Z_2 \in D$；

（5）令 Z_3 为满足 $\max[\min(d(x_i, x_j), d(x_i, Z_2))](i=1, 2, \cdots, n)$ 的数据对象 x_i，$Z_3 \in D$；

（6）令 Z_4 为满足 $\max\{\min[d(x_i, Z_1), d(x_i, Z_2), d(x_i, Z_3)]\}(i=1, 2, \cdots, n)$ 的数据对象 x_i，$Z_4 \in D$；

（7）令 Z_k 为满足 $\max\{\min[d(x_i, Z_j)]\}(i=1, 2, \cdots, n, j=1, 2, \cdots, k-1, x_i, Z_k \in D)$；

（8）从这 k 个聚类中心出发，应用 K-means 聚类算法，得到聚类结果。

二、模式界限确立

共搜集 136 家中国高端装备制造业企业相关数据，通过计算得出相应的服务化能力评价值，利用 SPSS22 对服务化能力评价值进行聚类分析。选择最大迭代 50 次，选择聚类结果为 2，具体结果如表 7-4 至表 7-7 所示。

表 7-4 迭代历史记录

迭代	聚类中心的更改	
	1	2
1	0.310	0.080
2	0.039	0.002

续表

迭代	聚类中心的更改	
	1	2
3	0.003	1.880E − 5
4	0.000	1.516E − 7
5	1.434E − 5	1.223E − 9
6	1.024E − 6	9.862E − 12
7	7.315E − 8	7.951E − 14
8	5.225E − 9	7.078E − 16
9	3.732E − 10	0.000
10	2.666E − 11	0.000
11	1.904E − 12	0.000
12	1.360E − 13	0.000
13	9.659E − 15	0.000
14	7.772E − 16	0.000
15	0.000	0.000

资料来源：SPSS 统计输出。

表 7 – 5　　　　　　　　　　最终聚类中心

迭代	聚类	
	1	2
0.235353360504823	0.6475179082068471	0.0776988015997207

资料来源：SPSS 统计输出。

表 7 – 6　　　　　　　　最终聚类中心之间的距离

聚类	1	2
1		0.570
2	0.570	

资料来源：SPSS 统计输出。

表 7 - 7　　　　　　　　　　　　每个聚类中的个案数

聚类	1	13.000
	2	123.000
有效		136.000
缺失		0.000

资料来源：SPSS 统计输出。

由表 7 - 4 至表 7 - 7 可以看出，经过 15 次迭代得到最终结果将 136 组数据聚类为两类，第一类有 13 组数据（个案），第二类有 123 组数据（个案），通过数据分析，第二类为服务化能力低状态组别，也反映出我国高端装备制造业企业大多处于服务化能力低下状态。依据分类情况，确定高端装备制造业企业服务化能力分割点为 0.36（两个聚类中心的中点，根据聚类分析原理，该点与两个聚类中心的距离相等，因此可认为不属于任何一个簇）。同理，通过对 93 家用户企业参与服务化能力评价值进行聚类分析，得出用户企业参与服务化的能力分割点为 0.43，这可能是因为用户企业参与服务化能力评价指标体系中定性指标占比较多，因此在评价时受主观影响较大，所以得到的评价值略高。

三、模式选择

综上所述，可得到基于高端装备制造业企业服务化能力和用户企业参与服务化能力的价值共创视角下中国高端装备制造业服务化模式选择判定依据，具体如表 7 - 8 所示。

表 7 - 8　　　价值共创视角下中国高端装备制造业服务化模式选择判定依据

判定条件	判定标准			
服务化能力	≤0.36	≥0.36	≤0.36	≥0.36
参与服务化能力	≤0.43	≤0.43	≥0.43	≥0.43
状态判定	状态一	状态二	状态三	状态四
模式选择	无法有效进行价值共创	基于企业主导的产品链条式服务化模式	基于用户企业主导的市场标准化服务化模式	基于全方位联合的数字模块化服务化模式

资料来源：笔者自制。

首先选择好合作伙伴，也就是价值共创的合作者——适宜的用户企业，然后高端装备制造业企业和用户企业分别对自身的服务化能力和参与服务化能力进行评价。当高端装备制造业企业服务化能力低于 0.36 且用户企业参与服务化能力低于 0.43 时，二者组合为状态一，无法有效实行价值共创，此时高端装备制造业企业就要重新选择合作对象；当高端装备制造业企业服务化能力高于 0.36 且用户企业参与服务化能力低于 0.43 时，二者组合为状态二，此时可以进行价值共创，并且实行基于企业主导的产品链条式服务化模式；当高端装备制造业企业服务化能力低于 0.36 且用户企业参与服务化能力高于 0.43 时，二者组合为状态三，此时可以进行价值共创，并且实行基于用户企业主导的市场标准化服务化模式；当高端装备制造业企业服务化能力高于 0.36 且用户企业参与服务化能力高于 0.43 时，二者组合为状态四，认为可以进行价值共创，并且实行基于全方位联合的数字模块化服务化模式。

第八章 价值共创视角下中国高端装备制造业服务化保障策略

第一节 价值共创视角下中国高端装备制造业服务化政策保障

一、落实经济体制改革政策

着眼于我国高端装备制造业服务化转型升级，制定并推行相关经济体制改革政策应从以下六个方面着手。一是加大国有装备制造业与生产性服务业企业的产权制度改革力度，特别是国有大中型企业的产权制度改革，为其建立符合时代需求的现代企业产权制度。二是在产权明晰的基础上，全面建立健全我国高端装备制造业与生产性服务业企业的现代企业制度，做到权责明确、政企分开、管理科学。三是积极推进国有高端装备制造业企业的体制改造。四是按照分类指导、抓大放小、优化资本结构的原则，对国有大中型装备制造业企业采取经济、法律和行政手段，按照市场经济规律进行重组，打破地域分割，促进强强联合，组建跨地区、跨行业、跨所有制和跨国经营的大企业集团，以核心企业促进高端装备制造业服务化。五是通过市场机制促进我国高端装备制造业服务化系统内生产要素的优化配置，增强企业间的竞争合作，促进具有市场竞争优势的服务型高端装备制造企业的形成。六是继续抓紧抓好高端数控机床与基础制造装备、大飞机、大型先进压水堆和高温气冷堆核电站、极大规模集成电路制造装备及成套工艺等科技重大专项的实施工作，开发关键制造装备，突破核心共性技术，为实现我国高端装备产业化提供技术支撑。

二、完善科技政策体系

科技发展是高端装备制造业服务化的重要动因之一，其对我国高端装备制造业服务化的驱动主要体现在科技进步和科技创新两个层面。

从科技进步角度来看，科学技术作为生产力第一要素，与经济系统存在紧密的依存关系，对推动经济发展和促进社会进步具有重要意义。作为经济系统的重要组成部分，高端装备制造业服务化必然受到科技进步的巨大影响。推动科技进步，可有效保障高端装备制造业服务化。推动科技进步需做好以下五个方面的工作：一是要加强基础性科学研究；二是要注重应用性技术创新；三是要利用《中华人民共和国科学技术进步法》有效指导和推动我国科技事业的发展；四是要准确掌握我国的科技进步现状及问题并提出相应对策；五是要践行科技进步举措，加大科技投入，扩大科技产出规模，着力改善科技进步环境，优先发展高端装备制造业服务化体系中的战略性新兴产业成分，抢占服务领域的高端市场。

从科技创新角度来看，建立完善的科技创新体系对保障我国高端装备制造业服务化同样具有重要意义。完善高端装备制造业服务化科技创新体系应从以下三个方面着手。首先，加快我国科技创新平台建设，完善科技与经济结合机制，推动高端装备制造业服务化合作建设包含"研究中心、开发中心和工艺技术中心"三个层次的科技创新体系，并对服务化系统内的科技创新资源进行全面整合，形成以企业为主体，以大学和科研院所为支撑的科技创新平台。其次，加强对我国重点领域服务型科技创新项目的支持力度，利用科技创新平台协调科技创新资源，组织产学研共同攻关，在重点领域研发具有自主知识产权的"装备＋服务"融合型产品。最后，推进我国科技创新体系的信息化建设，建立服务于创新体系的信息系统，并基于信息系统加强高端装备制造业服务化科技创新协作，以创新成果促进我国高端装备制造业服务化。

三、健全人才政策体系

人才是实现中国高端装备制造业服务化的根本性资源。培养或吸引高素质人才进入中国高端装备制造业服务化系统，有利于打破服务化系统原有平衡态，促进其向服务化方向演进。健全的人才政策体系应至少应包含人才培养政策、人才使用政策、人才吸引政策和人才激励政策四个方面。因此，健全中国高端装备制造业服务化的人才政策应从以下四个方面入手：首先，中国高端装备制造业服务化行业组织应制定强制性的人才培养政策，鼓励相关企业提高人才培养投入水平；其次，中国高端装备制造业服务化应制定合理的人才使用政策，用好服务化系统既有人才资源，做到人尽其用，用尽其才；再次，国家及地方各级政府以及区域服务化相关企业应制定人才吸引政策，广纳国内外优秀人才，尤其是产业服务化所涉及的各类高端人才；最后，国家及地方各级政府以及区域服务化相关企业应以制度形式建立健全人才激励机制，赏罚褒贬依据人才激励政策而行。

四、实施财税优惠政策

基于价值共创视角的中国高端装备制造业服务化的财税优惠政策主要包括以下三个方面。

一是建立财政引导政策，通过服务化专项资金的建立，对中国高端装备制造业服务化进行适度的财税政策倾斜，支持和引导中国高端装备制造业服务化价值共创。以用户为龙头，以装备制造单位为主体，发挥产学研用相结合的优势，共同开发先进装备；鼓励由装备使用单位和制造企业组成的产业联盟参与工程招投标；完善招投标制度，消除对国产装备歧视性条款，发挥投资、工业主管部门的作用，加强对招投标工作的指导和监管。

二是加大财税支持力度，通过增加财政投资、鼓励通过多渠道投资等方式为中国高端装备制造业服务化提供充足资金，在资金的支持下促进中国高端装备制造业服务化；充分利用民用飞机、民用航天、高技术船舶等科研计划的作用，加大创新支持力度；发挥节能减排专项资金的作用，组织实施节能和新能源汽车创新工程；设立高端装备发展专项，支持高端装备及其关键零部件、配套系统的研发和产业化。

三是完善税收优惠政策，通过在增值税、营业税、关税和所得税等方面给予中国高端装备制造业服务化相关主体相应的减、抵、免政策，减轻各融合主体的税负压力，进而促进中国高端装备制造业服务化。建立支持重大技术装备发展的多渠道、多元化的投融资机制。鼓励金融机构创新金融产品品种，支持装备制造企业融资、规模化发展；发挥现有装备制造业基金的作用，支持装备制造企业转型升级；鼓励支持符合条件的装备制造企业上市，加大创新投资和股权投资向装备制造领域倾斜；支持金融租赁公司开展融资租赁业务。

第二节　价值共创视角下中国高端装备制造业服务化组织保障

作为价值共创视角下中国高端装备制造业服务化的实施者与主导者，高端装备制造企业是否能为服务化行为提供充分组织保障是中国高端装备制造业服务化过程能否顺利实施并取得成效的关键。

一、培养价值共创的战略思维

战略思维是支配企业行为的重要因素，对于高端装备制造企业而言，传统的价值增值方式下，企业的生产工作仅以产品质量为中心，面对服务化给企业带来的冲击，高端装备制造企业要想通过服务化实现转型升级就必须转变原有战略思维，以用户需求为企业价值逻辑的起点，由"以产品为中心"向"以用户为中心"转变，由"内部资源依赖"向"外部资源整合"转变，确立以用户需求为中心的战略意识，促进高端装备制造企业从资本驱动型向知识驱动型转变。

二、构建开放创新的组织文化

传统的装备制造企业往往具有典型的"大而全"特征，对企业内部资源高度依赖，这在一定程度上限制了高端装备制造企业对外部资源的整合吸收与再创新能力。而基于价值共创的中国高端装备制造业服务化过程中，高端装备制造企业服务能力的构建涉及诸多崭新的业务或领域，对外部资源具有较高的依赖性。同时，由于用户需求具备一定的动态变化特征，面向用户需求的服务型产品供给需要装备制造企业保持对市场及外部环境敏锐地感知、捕捉及转化能力，因此，基于价值共创的中国高端装备制造业服务化需要开放、创新的组织文化作为支撑。

三、优化组织结构及人才激励机制

基于价值共创的中国高端装备制造业服务化过程中，高端装备制造企业的业务范畴和组织流程会发生重大变化，这就要求高端装备制造企业调整原有的组织结构和业务流程，为基于价值共创的中国高端装备制造业服务化提供制度保障。同时，随着服务化整合的不断深入，高端装备制造企业的业务类型增加，业务分工逐渐精细化，对高水平人力资源的需求越发强烈，因此，高端装备制造企业应完善员工培训体系，建立人才引进和流动机制，加强跨组织的人才交流，为基于价值共创的中国高端装备制造企业提供人力资本支撑。

四、建立组织间良好的合作机制及信任关系

多主体间的协同合作是中国高端装备制造企业服务化过程中的重要环节。服务化过程中，高端装备制造企业协作主体数量较多、协作关系复杂，涉及多个主体间利益分配、风险分担等多种复杂问题，为避免合作关系破裂带来的价值体系结构问题，高端装备制造企业应构建良好的合作机制，规范协作合同或契约，增强合作的可持续性。同时，组织间信任关系的构建是合作关系建立的前提与基础。在合作关系构建的过程中，信任关系的建立能够改变潜在合作者对成本、风险、收益的分析，促进协作行为的发生，也能减少由于双方信息不对称引发的合作关系破裂，增加多主体协同成功的可能性。此外，信任关系的建立能够使组织间产生跨组织的协同效应，提高组织间的协同效率。因此，高端装备制造企业应关注企业形象，与协作者建立良好的沟通机制，建立良好的企业形象和信誉度。

五、引进先进的信息技术

基于价值共创的中国高端装备制造业服务化过程中，中国高端装备制造企业与用户、外部组织间的协同需要以信息技术作为依托，为不同主体间的交流提供及时、准确、高效的沟通渠道，先进信息技术的采用能够有效提升

基于价值共创的中国高端装备制造业服务化效率与效果。此外，在诸多创新型服务产品的生产及服务过程中，先进的信息沟通技术能够为基于价值共创的中国高端装备制造业服务化提供技术支撑与平台支撑，促进更多的商业模式或创新型产品的产生。因此，多主体协同过程中，应采用先进的手段完善公共信息平台和信息服务平台的建设，为多主体协同提供充足的信息技术支撑。

第三节　价值共创视角下中国高端装备制造业服务化环境保障

　　基于价值共创的中国高端装备制造业服务化是以组织和企业为基本单位进行的微观价值活动，作为国民经济的战略性产业，高端装备制造企业的价值活动与外部环境息息相关。良好的外部环境能够强化高端装备制造企业及利益相关者服务化价值共创的参与动力，减少不可控因素，降低高端装备制造企业及其他主体的服务化价值共创风险。由前文分析可知，高端装备制造企业服务化是在政府、行业协会、公共服务平台的支撑下，发生于企业网络内部的行为，因此，服务化的外部环境包括宏观环境以及企业网络环境两部分。本书从政府这一外部环境构建者的角度出发，对宏观环境保障及企业网络环境保障进行分析。

一、宏观环境保障

　　作为国民经济的战略性产业，高端装备制造企业的价值创造活动与政策、经济环境关系密切。

1. 政策环境保障策略

　　政策环境是影响高端装备制造企业基于价值共创的服务化行为的政策法规总和，是整合行为顺利进行的基本保障。基于价值共创的服务化是高端装备制造企业组织新资源，从事新生产、新合作，不断探索企业能力与资源边界的过程，伴随着很多新领域、新合作形式和新商业模式的出现，需要宽松的、支持性的政策以及有序的市场竞争环境提供保障。一是要降低高端装备制造企业制度性进入与退出壁垒，鼓励多资本的进入，保持市场的流动性与竞争活力；二是要防止高端装备制造企业产品或服务化市场垄断现象的发生，规范市场竞争秩序；三是要及时完善企业间新合作业态和商业模式的法律法规，避免因新兴领域出现的法律纠纷降低市场活力。

2. 经济环境保障策略

经济环境，尤其是高端装备制造业的经济环境是基于价值共创的服务化的重要保障因素。稳定、有序的经济环境能够保障装备制造企业外部环境的稳定性，促进高端装备制造企业服务化行为的发生。一是要加大高端装备制造企业的产权改革力度，适应现代市场竞争规律，增强高端装备制造业的经济活力；二是要增强资本要素流动性，打破地域分割、行业分割限制，遵循市场规律进行资本重组，促进跨地区、跨行业、跨所有制的资本流动。

二、企业网络环境保障

基于价值共创的服务化过程涉及多主体、跨行业的企业交互行为，与企业网络协同紧密，因此，营造良好的企业网络环境对服务化过程具有重要影响。

1. 宽松的产业融合政策

高端装备制造企业服务化过程中涉及多种不同性质、不同类型主体的互动及融合过程，如服务业企业、高校、科研院所、制造业企业等，宽松的产业融合政策能够通过增强组织跨产业的流动性为不同主体之间共同完成的价值共创活动提供良好的经济环境与市场环境。因此，相关政府部门应采取适当的税收减免政策和产业融合促进政策以降低市场准入门槛，降低跨产业间的协同壁垒和合作壁垒，提高基于价值共创的服务化的市场活力与整合效率。

2. 完善和落实创新激励政策

新的商业模式、合作机制、新的产品技术是基于价值共创的服务化的重要产出，能够推动企业绩效的提升。服务化过程中，高端装备制造企业及协同企业掌握的核心技术和创新性成果是决定企业能否获取竞争优势、打造核心能力的关键。为激发创新活力，政府部门应从人才培养与引进、产学研合作、企业研发机构建设等多个方面为企业创新及创新成果的转化提供政策红利，提高企业自主创新和联合创新能力，促进创新成果向经济效益转化。

3. 建立健全知识产权制度

高端装备制造企业服务化过程存在诸多的参与者，通过服务化，多个不同主体之间相互协同，共同从事服务型产品的研发、设计与生产等活动，这一过程存在大量的知识交互行为。不同主体间知识的泄漏与知识产权的纠纷成为影响多主体协作稳定性的重要因素。因此，建立完善的知识产权制度，完善企业间新合作业态和商业模式的法律法规，并制定相应的奖惩机制，遏制知识窃取行为及其他投机行为的发生能够强化高端装备制造企业及相关主体参与服务化的意愿与动力。

结　　论

高端装备制造业作为国民经济核心支柱产业，其服务化转型对提升产业国际市场竞争力、带动其他产业进步和共同促进国民经济发展具有重要意义。本书综合运用扎根理论，以及 DEA、灰色关联度分析、G1 赋权法和聚类分析等方法展开系统研究，揭示了价值共创视角下中国高端装备制造业服务化机理，设计了价值共创视角下中国高端装备制造业服务化模式，并提出价值共创视角下中国高端装备制造业服务化模式选择的依据。本书的主要研究成果和创新之处如下。

（1）首先对相关概念进行界定，然后对价值共创视角下的中国高端装备制造业服务化系统从要素、结构、目标和功能角度作出详细分析，得出服务化系统的要素包含三类，一是核心要素，包括高端装备制造业企业和用户企业，二是特殊连接点要素，包括政府和科研组织，三是其他要素，包括行业协会和中介机构。根据各要素在服务化系统中扮演的角色和重要性，依次设计访谈对象数目，然后运用扎根理论进行研究，得出合作动力、支持与保障、服务化能力、参与服务化能力和实现与保障五个核心范畴，并通过典范模式对主范畴与子范畴的关系进行联结，进一步得出价值共创视角下中国高端装备制造业服务化机理理论。在此基础上找到影响服务化系统演变的序参量——服务化能力和参与服务化能力，以此为据设计了服务化模式的总体框架。

（2）通过对序参量不同状态下的多组合与服务化系统状态的对应规则分析，为保证研究的可实现性和可代表性，将序参量等级设置为二，从而形成四种服务化系统状态，根据状态本身分析价值共创的可实现性，并针对状态特征设计相应的服务化模式，分别是服务化能力低—参与服务化能力低（认为无法有效价值共创）、服务化能力高—参与服务化能力低（基于企业主导的产品链条式服务化模式）、服务化能力低—参与服务化能力高（基于用户企业主导的市场标准化服务化模式）和服务化能力高—参与服务化能力高（基于全方位联合的数字模块化服务化模式），并分别从模式的内涵、架构及特征对模式本身进行详细说明，通过价值主张、价值流通和价值共创实现对服务化模式的设计，最后提出相应的服务化模式运行策略与运行要点。

（3）从服务化模式选择的依据、服务化模式选择指标设计和服务化模式选择界限分割方法设计及确认的角度，构建了价值共创视角下中国高端装备制造业服务化模式选择体系。

本书的创新之处在于针对高端装备制造业服务化的发展态势和趋势，在众多研究成果的基础上，以价值共创这一视角研究高端装备制造业服务化的模式构建与选择，作为以顾客参与和服务为主导逻辑下的产物，更加符合当下社会的个性化需求。通过扎根理论研究价值共创视角下中国高端装备制造业服务化机理，有助于揭开高端装备制造业服务化的内在逻辑，同时以价值共创的方式实现服务化，对高端装备制造业行业而言可谓一次创新之举。鉴于实证研究时的数据难以获取，因此企业数量较少，通过聚类分析法所得的模式界限值存在一定偏差，有待日后完善。

附　　录

附录1　价值共创视角下中国高端装备制造业服务化机理访谈提纲

一、高端装备制造业企业和用户企业从业人员访谈提纲

1. 请您简单介绍一下企业的概况（包括资金情况、人力资本情况、市场经营情况等）。

2. 请您简单介绍一下为什么要实行服务化？您认为当前实行服务化的企业具备何种优势？

3. 您觉得价值共创怎么样？假如您要参与价值共创，您觉得需要具备何种能力？

4. 您觉得哪些因素会影响价值共创的实现与可持续发展？

5. 价值共创对于服务化实现的效果如何？

二、政府和科研组织从业人员访谈提纲

1. 您认为当前我国高端装备制造业发展如何？是否具备服务化条件？

2. 对于高端装备制造业服务化发展，政府做了哪些相关工作，给予了什么样的支持？

3. 您认为科研组织可以为高端装备制造业服务化提供何种帮助？

4. 您认为价值共创怎么样？假如高端装备制造业欲通过价值共创实行服务化，您认为可行吗？还需要什么条件？

5. 您认为如何与高端装备制造业企业保持沟通？

三、行业协会和中介机构从业人员访谈提纲

1. 您对价值共创如何理解？

2. 您认为当前环境适合实行价值共创吗？

3. 假如高端装备制造业欲通过价值共创的方式实现服务化，您会提供何种帮助？

附录2　高端装备制造业企业服务化能力评价指标体系定性指标问卷设计

尊敬的先生/女士：

　　您好，感谢您百忙之中抽出时间回答本问卷。本问卷是关于高端装备制造业企业服务化能力评价的问题，您的答案无关对错，请根据真实想法回答即可。本问卷仅用于学术研究，且采用匿名方式，保护您的个人隐私。谢谢。

问题1	您对企业的资源识别能力评价如何？				
评价	非常认可（5）	认可（4）	一般（3）	不认可（2）	非常不认可（1）
问题2	您对企业的资源获取能力评价如何？				
评价	非常认可（5）	认可（4）	一般（3）	不认可（2）	非常不认可（1）
问题3	您对企业的资源配置能力评价如何？				
评价	非常认可（5）	认可（4）	一般（3）	不认可（2）	非常不认可（1）
问题4	您对企业的资源利用能力评价如何？				
评价	非常认可（5）	认可（4）	一般（3）	不认可（2）	非常不认可（1）
问题5	您对企业的服务开发能力评价如何？				
评价	非常认可（5）	认可（4）	一般（3）	不认可（2）	非常不认可（1）
问题6	您对企业的服务生产能力评价如何？				
评价	非常认可（5）	认可（4）	一般（3）	不认可（2）	非常不认可（1）
问题7	您对企业的服务营销能力评价如何？				
评价	非常认可（5）	认可（4）	一般（3）	不认可（2）	非常不认可（1）
问题8	您对企业的组织支持能力评价如何？				
评价	非常认可（5）	认可（4）	一般（3）	不认可（2）	非常不认可（1）
问题9	您对企业的信息生成能力评价如何？				
评价	非常认可（5）	认可（4）	一般（3）	不认可（2）	非常不认可（1）
问题10	您对企业的信息传播能力评价如何？				
评价	非常认可（5）	认可（4）	一般（3）	不认可（2）	非常不认可（1）
问题11	您对企业的信息响应能力评价如何？				
评价	非常认可（5）	认可（4）	一般（3）	不认可（2）	非常不认可（1）

附录3 用户企业参与服务化能力评价 指标体系定性指标问卷设计

尊敬的先生/女士：

您好，感谢您百忙之中抽出时间回答本问卷。本问卷是关于用户企业参与服务化能力评价的问题，您的答案无关对错，请根据真实想法回答即可。本问卷仅用于学术研究，且采用匿名方式，保护您的个人隐私。谢谢。

问题1	您对企业的调研设计能力评价如何？				
评价	非常认可（5）	认可（4）	一般（3）	不认可（2）	非常不认可（1）
问题2	您对企业的信息搜集能力评价如何？				
评价	非常认可（5）	认可（4）	一般（3）	不认可（2）	非常不认可（1）
问题3	您对企业的资料分析能力评价如何？				
评价	非常认可（5）	认可（4）	一般（3）	不认可（2）	非常不认可（1）
问题4	您对企业的市场时机选择能力评价如何？				
评价	非常认可（5）	认可（4）	一般（3）	不认可（2）	非常不认可（1）
问题5	您对企业的新扩市场发展潜力评价如何？				
评价	非常认可（5）	认可（4）	一般（3）	不认可（2）	非常不认可（1）
问题6	您对企业设立的市场反馈机制评价如何？				
评价	非常认可（5）	认可（4）	一般（3）	不认可（2）	非常不认可（1）
问题7	您对企业的市场反馈信息收集能力评价如何？				
评价	非常认可（5）	认可（4）	一般（3）	不认可（2）	非常不认可（1）
问题8	您对企业的市场反馈问题处理能力评价如何？				
评价	非常认可（5）	认可（4）	一般（3）	不认可（2）	非常不认可（1）
问题9	您对企业建设的售后渠道评价如何？				
评价	非常认可（5）	认可（4）	一般（3）	不认可（2）	非常不认可（1）
问题10	您对企业售后的顾客满意度评价如何？				
评价	非常认可（5）	认可（4）	一般（3）	不认可（2）	非常不认可（1）
问题11	您对企业的服务开发能力评价如何？				
评价	非常认可（5）	认可（4）	一般（3）	不认可（2）	非常不认可（1）

问题 12	您对企业的服务生产能力评价如何？				
评价	非常认可（5）	认可（4）	一般（3）	不认可（2）	非常不认可（1）
问题 13	您对企业的服务营销能力评价如何？				
评价	非常认可（5）	认可（4）	一般（3）	不认可（2）	非常不认可（1）
问题 14	您对企业的组织支持能力评价如何？				
评价	非常认可（5）	认可（4）	一般（3）	不认可（2）	非常不认可（1）
问题 15	您对企业的信息生成能力评价如何？				
评价	非常认可（5）	认可（4）	一般（3）	不认可（2）	非常不认可（1）
问题 16	您对企业的信息传播能力评价如何？				
评价	非常认可（5）	认可（4）	一般（3）	不认可（2）	非常不认可（1）
问题 17	您对企业的信息响应能力评价如何？				
评价	非常认可（5）	认可（4）	一般（3）	不认可（2）	非常不认可（1）

参 考 文 献

[1] 白清. 生产性服务业促进制造业升级的机制分析——基于全球价值链视角 [J]. 财经问题研究, 2015 (4): 17 – 23.

[2] 蔡三发, 李珊珊. 基于灰色关联分析的制造业服务化水平评估体系研究 [J]. 工业工程与管理, 2016, 21 (6): 1 – 9.

[3] 蔡渊渊. 全球价值链下我国装备制造业与生产性服务业融合路径研究 [D]. 哈尔滨: 哈尔滨理工大学, 2018: 118 – 119.

[4] 曹洪军, 赵翔, 黄少坚. 企业自主创新能力评价体系研究 [J]. 中国工业经济, 2009 (9): 105 – 114.

[5] 曾刚, 耿成轩. 中国高端装备制造上市企业融资效率的实证测度——基于 Super – SBM 和 Malmquist 模型 [J]. 科技管理研究, 2019, 39 (10): 233 – 242.

[6] 曾雪云, 郝宁华, 时准. 小微企业如何提升信息沟通绩效——基于社会化客户关系管理能力与社交媒体可见度的研究 [J]. 经济理论与经济管理, 2021, 41 (2): 98 – 112.

[7] 陈海波, 姚蕾. 生产性服务进口对中国装备制造业技术创新效率的影响研究 [J]. 价格月刊, 2019 (1): 50 – 57.

[8] 陈丽娴, 魏作磊. 制造业企业产出服务化有利于出口吗——基于 Heckman 模型的 PSM – DID 分析 [J]. 国际经贸探索, 2020, 36 (5): 16 – 34.

[9] 陈丽娴, 沈鸿. 制造业产出服务化对企业劳动收入份额的影响: 理论基础与微观证据 [J]. 经济评论, 2019 (3): 40 – 56.

[10] 陈向明. 扎根理论的思路和方法 [J]. 教育研究与实验, 1999 (4): 58 – 63, 73.

[11] 成丽红. 制造业投入服务化与企业出口产品转换 [J]. 中南财经政法大学学报, 2020 (3): 107 – 116, 160.

［12］楚明钦. 生产性服务与装备制造业融合程度的国际比较——基于OECD 投入产出表的分析［J］. 国际经贸探索，2014，30（2）：52－63.

［13］戴克清，陈万明. 共享式服务创新的逻辑、形式与价值——制造业服务化转型视角［J］. 软科学，2020，34（9）：30－36.

［14］戴翔. 中国制造业出口内涵服务价值演进及因素决定［J］. 经济研究，2016，51（9）：44－57，174.

［15］刁莉，朱琦. 生产性服务进口贸易对中国制造业服务化的影响［J］. 中国软科学，2018（8）：49－57.

［16］董桂才，王鸣霞. 国际政治关系对中国高端装备制造业贸易的影响——基于清华大学"中外关系数据库"的分析［J］. 国际商务（对外经济贸易大学学报），2018（1）：50－59.

［17］杜传忠，管海锋. 国内大循环视域下的生产性服务业效率、投入结构与制造业附加值提升［J］. 当代经济科学，2022，44（1）：25－38.

［18］杜维，马阿双. 制造企业服务化模式的特征与适用情境——基于多案例的探索性研究［J］. 管理案例研究与评论，2018，11（5）：469－478.

［19］段姗. 企业资源整合能力、联盟网络与知识共享关联机制研究［D］. 杭州：浙江大学，2018：65－66.

［20］范德成，杜明月. 高端装备制造业技术创新资源配置效率及影响因素研究——基于两阶段 StoNED 和 Tobit 模型的实证分析［J］. 中国管理科学，2018，26（1）：13－24.

［21］冯文娜，姜梦娜，孙梦婷. 市场响应、资源拼凑与制造企业服务化转型绩效［J］. 南开管理评论，2020，23（4）：84－95.

［22］符加林，张依梦，闫艳玲，梁世昌，张洪. 顾客契合与企业创新绩效：价值共创和创新氛围的作用［J］. 科研管理，2022，43（11）：93－102.

［23］傅为忠，聂锡云. 基于 StoNED－Tobit 模型的高端制造业科技创新效率研究［J］. 科技管理研究，2019，39（7）：93－100.

［24］葛万达，盛光华，龚思羽. 消费者绿色价值共创意愿的形成机制——归因理论与互惠理论的视角［J］. 软科学，2020，34（1）：13－18.

［25］谷增军. 成本领先战略与企业资金匹配关系研究［D］. 北京：北京交通大学，2016：117－121.

［26］郭本海，陈玮，吕东东．基于 GERT 网络的战略性新兴产业技术瓶颈探测模型［J］．系统管理学报，2017，26（4）：728 - 736.

［27］郭本海，储佳娜，赵荧梅．核心企业主导下乳制品全产业链质量管控 GERT 网络模型［J］．中国管理科学，2019，27（1）：120 - 130.

［28］郭本海，彭莹，薛会娟．知识互溢视角下新能源汽车产业链功能演化 GERT 网络模型研究［J］．科技进步与对策，2021，38（2）：65 - 74.

［29］韩霞，吴玥乐．价值链重构视角下航空制造业服务化发展模式分析［J］．中国软科学，2018（3）：166 - 173.

［30］胡海波，卢海涛，王节祥，等．众创空间价值共创的实现机制：平台视角的案例研究［J］．管理评论，2020，32（9）：323 - 336.

［31］黄满盈，邓晓虹．高端装备制造业转型升级驱动因素分析［J］．技术经济与管理研究，2021（9）：56 - 61.

［32］黄群慧，霍景东．全球制造业服务化水平及其影响因素——基于国际投入产出数据的实证分析［J］．经济管理，2014，36（1）：1 - 11.

［33］黄群慧，霍景东．中国制造业服务化的现状与问题——国际比较视角［J］．学习与探索，2013（8）：90 - 96.

［34］惠利，丁新新．我国装备制造业与生产性服务业的产融发展分析［J］．统计与决策，2019，35（11）：120 - 124.

［35］简兆权，令狐克睿，李雷．价值共创研究的演进与展望——从"顾客体验"到"服务生态系统"视角［J］．外国经济与管理，2016，38（9）：3 - 20.

［36］姜尚荣，乔晗，张思，刘颖，胡毅．价值共创研究前沿：生态系统和商业模式创新［J］．管理评论，2020，32（2）：3 - 17.

［37］解学梅，王宏伟．开放式创新生态系统价值共创模式与机制研究［J］．科学学研究，2020，38（5）：912 - 924.

［38］克里斯·安德森．长尾理论［M］．乔江涛，译．北京：中信出版社，2006：10 - 12.

［39］李方静．制造业投入服务化与企业创新［J］．科研管理，2020，41（7）：61 - 69.

［40］李树祯，张峰．FDI 会促进制造业服务化转型吗？［J］．经济问题探索，2020（7）：110 - 122.

［41］李天柱，刘小琴，李潇潇．VCC 视角下的制造业服务化模式及其

演进［J］. 科研管理，2020，41（9）：230－237.

［42］李燕萍，李洋. 价值共创情境下的众创空间动态能力——结构探索与量表开发［J］. 经济管理，2020，42（8）：68－84.

［43］李烨，王延章，崔强. 基于三阶段仁慈型 DEA 的产业集群研发效率评价［J］. 科研管理，2017，38（7）：54－61.

［44］李玥，郭航，张雨婷. 知识整合视角下高端装备制造企业技术创新能力提升路径研究［J］. 科学管理研究，2018，36（1）：34－37.

［45］刘斌，魏倩，吕越，祝坤福. 制造业服务化与价值链升级［J］. 经济研究，2016，51（3）：151－162.

［46］刘兰剑，张田，牟兰紫薇. 高端装备制造业创新政策评估实证研究［J］. 科研管理，2020，41（1）：48－59.

［47］刘晓彦，简兆权，刘洋. 制造企业服务平台如何创造价值——日日顺与琴趣平台双案例研究［J］. 研究与发展管理，2020，32（5）：82－96.

［48］罗海蓉. 贸易结构对劳动者报酬占比的影响机理与实证研究［D］. 上海：上海社会科学院，2017.

［49］马永开，李仕明，潘景铭. 工业互联网之价值共创模式［J］. 管理世界，2020，36（8）：211－222.

［50］綦良群，王金石，崔月莹，高文鞠. 中国装备制造业服务化水平测度——基于价值流动视角［J］. 科技进步与对策，2021，38（14）：72－81.

［51］綦良群，王琛，王成东. 基于虚拟联盟的我国装备制造业与生产性服务业融合机制研究——基于扎根理论的质化研究［J］. 中国软科学，2021（4）：32－41.

［52］綦良群，高文鞠. 区域产业融合系统对装备制造业创新绩效的影响研究——吸收能力的调节效应［J］. 预测，2020，39（3）：1－9.

［53］綦良群，高文鞠. 区域产业融合与装备制造业绩效提升［J］. 中国科技论坛，2019（10）：59－70.

［54］綦良群，张庆楠. 我国装备制造业与生产性服务业网式融合影响因素研究［J］. 科技进步与对策，2018，35（13）：64－71.

［55］申卯兴，薛西锋，张小水. 灰色关联分析中分辨系数的选取［J］. 空军工程大学学报（自然科学版），2003（1）：68－70.

[56] 盛新宇，赵鲁南，许晓军．生产性服务进口、进口制度密集度与制造业服务化发展 [J]．国际商务（对外经济贸易大学学报），2020（5）：49－61．

[57] 孙晓华，田晓芳．装备制造业技术进步的溢出效应——基于两部门模型的实证研究 [J]．经济学（季刊），2010，10（1）：133－152．

[58] 唐国锋，李丹．工业互联网背景下制造业服务化价值创造体系重构研究 [J]．经济纵横，2020（8）：61－68．

[59] 唐晓华，李绍东．中国装备制造业与经济增长实证研究 [J]．中国工业经济，2010（12）：27－36．

[60] 陶良彦，刘思峰，方志耕，陈顶．GERT 网络的矩阵式表达及求解模型 [J]．系统工程与电子技术，2017，39（6）：1292－1297．

[61] 陶良彦，刘思峰，方志耕，陈顶．以特征函数为传递参数的 CF－GERT 及其矩阵法求解 [J]．系统工程理论与实践，2018，38（2）：509－521．

[62] 陶颜，周丹．企业服务创新能力评价体系的构建与实证 [J]．技术经济，2014，33（11）：25－30．

[63] 田庆锋，马蓬蓬，雷园园．基于系统动力学的我国高端装备制造业商业模式创新路径研究 [J]．科技管理研究，2019，39（4）：8－18．

[64] 汪应洛．创新服务型制造业，优化产业结构 [J]．管理工程学报，2010，24（S1）：2－5．

[65] 王成东，朱显宇，蔡渊渊，綦良群．GVC 嵌入、产业 R&D 效率与提升策略研究 [J]．科学学研究，2020，38（9）：1597－1607，1728．

[66] 王成东．区域产业融合与产业研发效率提升——基于 SFA 和中国 30 省市的实证研究 [J]．中国软科学，2017（10）：94－103．

[67] 王厚双，盛新宇．中国高端装备制造业国际竞争力比较研究 [J]．大连理工大学学报（社会科学版），2020，41（1）：8－18．

[68] 王璐，高鹏．扎根理论及其在管理学研究中的应用问题探讨 [J]．外国经济与管理，2010，32（12）：10－18．

[69] 王卫，綦良群．中国装备制造业全要素生产率增长的波动与异质性 [J]．数量经济技术经济研究，2017，34（10）：111－127．

[70] 王中帆，侯赛英，程锦，张璐．关于固定资产加速折旧政策的效应分析——以北京市西城区国家税务局为例 [J]．国际税收，2016（12）：

58 – 61.

[71] 王直，魏尚进，祝坤福．总贸易核算法：官方贸易统计与全球价值链的度量 [J]．中国社会科学，2015（9）：108 – 127.

[72] 吴婷．供给侧改革下制造业企业服务化的升级机理研究 [J]．当代经济，2019（9）：28 – 30.

[73] 吴永亮，王恕立．增加值视角下的中国制造业服务化再测算：兼论参与 GVC 的影响 [J]．世界经济研究，2018，（11）：101 – 117，136 – 139.

[74] 夏后学，谭清美，王斌．装备制造业高端化的新型产业创新平台研究—智能生产与服务网络视角 [J]．科研管理，2017，38（12）：1 – 10.

[75] 肖挺．组织生态视角下制造企业服务化影响因素分析 [J]．科研管理，2019，40（6）：153 – 163.

[76] 谢琳娜，沈丽，陈宏权．装备制造业产品创新对企业绩效的影响 [J]．系统管理学报，2019，28（1）：52 – 61.

[77] 杨瑾，薛纯．开放式创新环境下高端装备制造业转型升级的作用机理研究 [J]．软科学，2022，36（9）：37 – 44，64.

[78] 杨水利，梁永康．制造企业服务化转型影响因素扎根研究 [J]．科技进步与对策，2016，33（8）：101 – 105.

[79] 杨伟，王康．供应商与客户价值共创互动过程研究综述 [J]．软科学，2020，34（8）：139 – 144.

[80] 杨一翁，涂剑波，李季鹏，刘培，陶晓波．互动情境下服务型企业提升品牌资产的路径研究——顾客参与价值共创的中介作用和自我效能感的调节作用 [J]．中央财经大学学报，2020（9）：107 – 119.

[81] 殷秀清，任仕佳，张峰．政府研发资助，企业研发投入与技术创新效率——来自中国装备制造业的实证研究 [J]．哈尔滨商业大学学报（社会科学版），2020（3）：74 – 84.

[82] 尹洪涛．生产性服务业与制造业融合的主要价值增值点 [J]．管理学报，2015，12（8）：1204 – 1209.

[83] 尹伟华．全球价值链视角下中国制造业出口服务化水平测度研究 [J]．当代财经，2020（6）：114 – 125.

[84] 于树江，赵丽娇．京津冀装备制造业产业政策对技术创新绩效的影响研究——产业集聚的调节作用 [J]．工业技术经济，2019，38（2）：36 – 43.

[85] 俞斌，方志耕，杨保华，刘思峰．一种新的价值流动 GERT 网络模型及其应用 [J]．系统工程，2009，27（7）：43-48.

[86] 袁凯华，余远，高翔．国内价值链能否推动中国制造的服务化转型——来自区际分工视角的经验证据 [J]．山西财经大学学报，2020，42（11）：42-56.

[87] 袁征宇，王思语，郑乐凯．制造业投入服务化与中国企业出口产品质量 [J]．国际贸易问题，2020（10）：82-96.

[88] 张伯超，靳来群．制造业服务化对企业研发创新积极性的影响——基于制造业服务化率"适度区间"的视角 [J]．中国经济问题，2020（1）：74-91.

[89] 张海涛，李题印，徐海玲，孙鸿飞．商务网络信息生态链价值流动的 GERT 网络模型研究 [J]．情报理论与实践，2019，42（9）：35-40，51.

[90] 张俊熠．高端制造业企业自主创新能力评价研究 [D]．哈尔滨：哈尔滨工程大学，2013：33-35.

[91] 张旭梅，吴黛诗，江小玲，但斌．动态匹配视角下装备制造企业产品服务价值链构建路径——基于振华重工1992~2019年的纵向案例研究 [J]．软科学，2021，35（4）：76-82.

[92] 张瑜，菅利荣，于菡子．基于 GERT 网络的产学研知识流动效应度量 [J]．运筹与管理，2016，25（2）：282-287.

[93] 张玉臣，杜千卉．高新技术企业研发投入失效现象及成因分析 [J]．科研管理，2017，38（S1）：309-316.

[94] 赵国枝，刘志决．流图矩阵分析 [J]．太原机械学院学报，1989（1）：96-103.

[95] 赵领娣，张磊，徐乐，胡明照．人力资本、产业结构调整与绿色发展效率的作用机制 [J]．中国人口·资源与环境，2016，26（11）：106-114.

[96] 赵子健，傅佳屏．中国装备制造业的区域差异、影响因素与高端化战略 [J]．系统管理学报，2020，29（1）：21-30.

[97] 周大鹏．制造业服务化对产业转型升级的影响 [J]．世界经济研究，2013（9）：17-22，48，87.

[98] 周文辉，陈凌子，邓伟，周依芳．创业平台、创业者与消费者价

值共创过程模型：以小米为例 [J]. 管理评论，2019，31（4）：283 - 294.

[99] 左文明，黄枫璇，毕凌燕. 分享经济背景下价值共创行为的影响因素——以网约车为例 [J]. 南开管理评论，2020，23（5）：183 - 193.

[100] AICHAGUI V, JOHANSSON E, NINA LÖFBERG, et al. Servitization in SME Manufacturing Firms：A One - Way Road [C]. International Research Symposium on Service Excellence in Management，2015.

[101] BABU M M, DEY B L, RAHMAN M, et al. Value Co - Creation Through Social Innovation：A Study of Sustainable Strategic Alliance in Telecommunication and Financial Services Sectors in Bangladesh [J]. Industrial Marketing Management，2020，89：13 - 27.

[102] BECKER G S. A Theory of the Allocation of Time [J]. The Economic Journal，1965，75（299）：493 - 517.

[103] BUSTINZA O F, GOMES E, VENDRELL - HERRERO F, et al. Product - Service Innovation and Performance：The Role of Collaborative Partnerships and R&D Intensity [J]. R&D Management，2019，49（1）：33 - 45.

[104] CAO H Y, WANG L L. Regional Competitiveness of Electronic and Communication Equipment Manufacturing Industry Current Situation and Countermeasures [J]. Advances in Social Sciences，2019，8（6）：1085 - 1089.

[105] FU H, KAEWUNRUEN S. State of the Art Review on Additive Manufacturing Technology in Railway Infrastructure Systems [J]. Journal of Composites Science，2021，6（1）：7.

[106] CRICK J M, CRICK D, TEBBETT N. Competitor Orientation and Value Co - Creation in Sustaining Rural New Zealand Wine Producers [J]. Journal of Rural Studies，2020，73：122 - 134.

[107] DAN S M, SPAID B I, NOBLE C H. Exploring the Sources of Design Innovations：Insights from the Computer, Communications and Audio Equipment Industries [J]. Research Policy，2018，47（8）：1495 - 1504.

[108] DONI F, CORVINO A, MARTINI S B. Servitization and Sustainability Actions. Evidence from European Manufacturing Companies [J]. Journal of Environmental Management，2019，234：367 - 378.

[109] RAMIREZ M S, GARCIA - PENALVO F J. Co - Creation and Open Innovation：Systematic Literature Review. [J]. Comunicar，2018，54：9 - 18.

［110］FANG M，YANG R. Research on Effects of Input Servitization on Export Technological Complexity of Manufacturing Industry of China ［J］. Design Automation for Embedded Systems，2018，22（3）：279 – 291.

［111］FASSINGER R E. Paradigms，Praxis，Problems，and Promise：Grounded Theory in Counseling Psychology Research ［J］. Journal of Counseling Psychology，2005，52（2）：159 – 166.

［112］FORNASIERO R，CARPANZANO E. Advances in Customer – Oriented Manufacturing and Value Chain Management ［J］. International Journal of Computer Integrated Manufacturing，2017，30（7）：677 – 679.

［113］GLASER B G，STRAUSS A L，Strutzel E. The Discovery of Grounded Theory：Strategies for Qualitative Research ［J］. Nursing Research，1968，17（4）：364.

［114］KIM K，BYON K K，BAEK W. Customer-to-Customer Value Co – Creation and Co – Destruction in Sporting Events ［J］. The Service Industries Journal，2020，40（9 – 10）：633 – 655.

［115］KOOPMAN R I，WANG，WEI S. Tracing Value – Added and Double Counting in Gross Exports ［J］. American Economic Review，2014，104（2）：459 – 494.

［116］LEI S I，YE S，WANG D，et al. Engaging Customers in Value Co – Creation Through Mobile Instant Messaging in the Tourism and Hospitality Industry ［J］. Journal of Hospitality & Tourism Research，2020，44（2）：229 – 251.

［117］HE X，PING Q，HU W. Does Digital Technology Promote the Sustainable Development of the Marine Equipment Manufacturing Industry in China? ［J］. Marine policy，2022，136（2）：104868.

［118］LI T C，QIAO L，DING Y Y. Factors Influencing the Cooperative Relationship Between Enterprises in the Supply Chain of China's Marine Engineering Equipment Manufacturing Industry – An Study Based on GRNN – DEMATEL Method ［J］. Applied Mathematics and Nonlinear Sciences，2020，5（1）：121 – 138.

［119］LI W J，OUYANG X. Investigating the Development Efficiency of the Green Economy in China's Equipment Manufacturing Industry ［J］. Environmental Science and Pollution Research，2020，27（19）：24070 – 24080.

［120］ LIN Y, LUO J, IEROMONACHOU P, et al. Strategic Orientation of Servitization in Manufacturing Firms and its Impacts on Firm Performance ［J］. Industrial Management & Data Systems, 2019, 119 (2): 292 – 316.

［121］ LIU X, FANG Z, ZHANG N. A Value Transfer GERT Network Model for Carbon Fiber Industry Chain based on Input – Output Table ［J］. Cluster Computing, 2017, 20 (4): 2993 – 3001.

［122］ MASTROGIACOMO L, BARRAVECCHIA F, FRANCESCHINI F. A Worldwide Survey on Manufacturing Servitization ［J］. The International Journal of Advanced Manufacturing Technology, 2019, 103 (9 – 12): 3927 – 3942.

［123］ MINGIONE M, LEONI L. Blurring B2C and B2B Boundaries: Corporate Brand Value Co – Creation in B2B2C Markets ［J］. Journal of Marketing Management, 2020, 36 (1 – 2): 72 – 99.

［124］ Qi L Q, Wang C, Wang C D. Key Factors of the Transformation of Port's Equipment Manufacturing and Producer Services Based on Virtual Alliance ［J］. Journal of Coastal Research, 2020, 103 (1): 654 – 657.

［125］ RAMIREZ R. Value Co – Production: Intellectual Origins and Implications for Practice and Research ［J］. Strategic Management Journal, 1999, 20 (1): 49 – 65.

［126］ RICHARD GRAHAM NELSON, AMIR AZARON, SAMIN AREF. The Use of a GERT Based Method to Model Concurrent Product Development Processes ［J］. European Journal of Operational Research, 2016, 250 (2): 566 – 578.

［127］ ROY S K, BALAJI M S, SOUTAR G, et al. The Antecedents and Consequences of Value Co – Creation Behaviors in a Hotel Setting: A Two – Country Study ［J］. Cornell Hospitality Quarterly, 2020, 61 (3): 353 – 368.

［128］ MINKIEWICZ J, EVANS J, BRIDSONET K. How Do Consumers Co – Create Their Experiences? An Exploration in the Heritage Sector ［J］. Journal of Marketing Management, 2014, 30 (1 – 2): 30 – 59.

［129］ SHIN H, PERDUE R R, Pandelaere M. Managing Customer Reviews for Value Co – Creation: An Empowerment Theory Perspective ［J］. Journal of Travel Research, 2020, 59 (5): 792 – 810.

［130］ SUN S. Financial Risk Assessment of Listed Enterprises in Marine Engineering Equipment Manufacturing Industry [J]. Journal of Coastal Research, 2019, 94 (1): 788 - 792.

[131] VaRGO S L, LUSCH R F. Evolving to a New Dominant Logic for Marketing [J]. Journal of Marketing, 2004, 68 (1): 1 - 17.

[132] VILJAKAINEN A, TOIVONEN M. The Futures of Magazine Publishing: Servitization and Co-creation of Customer value [J]. Futures, 2014, 64: 19 - 28.

[133] WORATSCHEK H, HORBEL C, POPP B. Determining Customer Satisfaction and Loyalty from a Value Co - Creation Perspective [J]. The Service Industries Journal, 2020, 40 (11 - 12): 777 - 799.

[134] XIAO W, OPATA C N, TETTEH S, et al. Value Co - Creation Effects on Transaction Cost, Relational Capital, and Loyalty of Hair Salon Customers: Results and Implications of a Ghanaian Study [J]. Journal of Psychology in Africa, 2020, 30 (3): 217 - 224.

[135] XU X F, CUI Y J, JIANG Y Z. Development of Marine Engineering Equipment Manufacturing Industry: A Forecasting Study Through Online Data [J]. Journal of Coastal Research, 2020, 106 (1): 677 - 681.

[136] FERM L, THAICHON P. Value Co - Creation and Social Media: Investigating Antecedents and Influencing Factors in the U. S. Retail Banking Industry [J]. Journal of Retailing and Consumer Services, 2021, 61.